Intervision für die schreibpädagogische Praxis

Susanne Femers-Koch

Intervision für die schreibpädagogische Praxis

Ein Schreibgruppenkonzept für die Kollegiale Beratung

Susanne Femers-Koch
Fachbereich 4
HTW Berlin, Campus Wilhelminenhof
Berlin, Deutschland

ISBN 978-3-658-38864-5   ISBN 978-3-658-38865-2 (eBook)
https://doi.org/10.1007/978-3-658-38865-2

Die Deutsche Nationalbibliothek verzeichnet diese Publikation in der Deutschen Nationalbibliografie; detaillierte bibliografische Daten sind im Internet über http://dnb.d-nb.de abrufbar.

Planung/Lektorat: Eva Brechtel-Wahl
Springer ist ein Imprint der eingetragenen Gesellschaft Springer Fachmedien Wiesbaden GmbH und ist ein Teil von Springer Nature.
Die Anschrift der Gesellschaft ist: Abraham-Lincoln-Str. 46, 65189 Wiesbaden, Germany

Vorwort

Intervision gilt als Form des selbstorganisierten Lernens in einem Setting Kollegialer Beratung, die für das Ziel der Professionalisierung das berufliche Handeln in Selbst- und Fremdreflexion in den Blick nimmt. In vielen (sozial-) pädagogischen und psychotherapeutischen Kontexten hat sich diese Form der Kollegialen Beratung als Selbstverständlichkeit und institutionalisierte Form der beruflichen Qualifizierung etabliert. Anliegen des vorliegenden Buches ist es, Relevanz und Gestaltung von Intervision für die schreibpädagogische Praxis zu explorieren.

Das Ergebnis ist ein theoretisch begründetes Gestaltungskonzept für eine Schreibwerkstatt, in der Schreibpädagoginnen, -beraterinnen und -coaches den Herausforderungen ihrer Berufsrolle schreibend begegnen. Als Reflexionsraum dient in diesem Intervisionssetting das Medium Schreiben als das zentrale Medium der schreibpädagogischen Praxis. Interventionsmethoden wurden dafür in Schreibimpulse übersetzt und durch diese ergänzt.

Das Werkstattkonzept umfasst sechs initiale Sitzungen, in denen die Grundlagen der Intervision vermittelt und ausgewählte Anliegen für die Reflexion schreibpädagogischer Praxis exemplarisch intervisorisch und mittels psychodramatischer Schreibszenarien in der Gruppe bearbeitet werden. Das Konzept umfasst außerdem eine Zwischenevaluation, die die Gruppe in die eigenständige Arbeit verabschiedet und eine Evaluationsmethode, mit der der Erfolg dieses Ansatzes Kreativen Schreibens nach längerem Einsatz analysiert werden kann.

Berlin   Susanne Femers-Koch
im Frühjahr 2022

Vorbemerkung zur geschlechtergerechten Sprache

In diesem Buch bemüht sich die Autorin um eine geschlechtergerechte Sprache. Wo immer möglich, wird eine geschlechtsneutrale sprachliche Form gewählt. Wo dies nicht möglich ist, wird das generische Femininum bemüht. Das heißt, es kommt eine grammatisch feminine Personenbezeichnung in einem geschlechtsübergreifenden, generischen Sinn zum Einsatz.

Bei dieser sprachlichen Anwendung der weiblichen Form bezieht sich die feminine Form nicht nur auf Frauen, sondern auf Personen aller Geschlechter. Dies rechtfertigt sich zum einen durch die bessere Lesbarkeit und zum anderen dadurch, dass das hier betrachtete schreibpädagogische Berufsfeld zurzeit stark durch Frauen geprägt ist.

Danksagung

Bei der Erarbeitung dieses Buches haben sich verschiedene Menschen als hilfreich erwiesen. Ihnen möchte ich an dieser Stelle recht herzlich danken. Ich danke Kirsten Alers, Susanne Benner, Renate Semken und Matthias Koch. Ihr habt mich fachlich, freundlich, freundschaftlich, wohlwollend-kritisch und tatkräftig begleitet. Virginia Satir wäre begeistert gewesen ;-). Danke für Euer Engagement für meine Ideen!

Inhaltsverzeichnis

Abkürzungsverzeichnis

a.M.	am Main
BEO	Beobachterin
BER	Beraterin
Bsp.	Beispiel
Bzgl.	Bezüglich
Bzw.	beziehungsweise
d. h.	das heißt
et al.	et alii
e. V.	eingetragener Verein
FG	Fallgeberin
ggf.	gegebenenfalls
ggü.	gegenüber
min	Minute(n)
MO	Moderatorin
o. g.	oben genannte/r
o. S.	ohne Seite
S.	Seite
s. o.	siehe oben
sog.	sogenannte/r
u. a.	unter anderem
usw.	und so weiter
z. B.	zum Beispiel

Abbildungsverzeichnis

Tabellenverzeichnis

Susanne Femers-Koch

„Dem Anwenden muss das Erkennen vorausgehen."

(Max Planck)

1.1 Thematische Einführung und Vorgehensweise

Thema dieses Buches ist die Entwicklung eines Reflexionsraums[1], in dem sich schreibpädagogisch Tätige zusammenfinden, um sich mit ihrem beruflichen Handeln schreibend auseinandersetzen. In der Praxis findet im Kreis von Schreibpädagoginnen Reflexion im informellen Rahmen durchaus statt, aber Reflexion im Sinne von z. B. Supervisions- und Intervisionskultur ist *nicht* als selbstverständlicher Teil der Berufspraxis in Form institutioneller Angebote und professioneller Praktiken etabliert. Supervision wird nach Schmid et al. (2019, 101) „als Praxisreflexion im beruflichen Handlungszusammenhang für soziale Berufe wie Sozialberater, Therapeuten und Psychologen" verstanden, wo ihr Einsatz als obligatorisch gelten kann. Nach Ansicht dieser Autorinnen hat die Intervision im Unterschied zur Supervision die Qualität von „Hilfe zur Selbsthilfe", da Berufskolleginnen mit gleichem oder ähnlichem Status sich gegenseitig im Intervisionsprozess unterstützen. Es gibt keine formale Leitung durch eine vorgesetzte

---

[1] Der Begriff „Reflexionsraum" ist aus zwei Kontexten entlehnt: Zum einen spricht Pfab (2020, 173) von einem „Reflexionsraum", wenn er sich auf Supervision und Coaching für die Reflexion komplexer beruflicher Beratungstätigkeit von Sozialarbeiterinnen und -pädagoginnen bezieht. Zum anderen ist der Begriff „Reflexionsraum" auch inspiriert von Schreiber und Vedral (2020, 1), die diesen Begriff mit Verweis auf Virginia Woolfs Forderung eines „Room of one's own" nutzen. Mit dem Begriff soll die Nähe von Reflexion und Schreiben betont werden im Sinne von Reflexion durch Schreiben. Der Reflexionsraum ist in diesem Buch das Medium Schreiben.

S. Femers-Koch, *Intervision für die schreibpädagogische Praxis*,
https://doi.org/10.1007/978-3-658-38865-2_1

Person oder eine Person mit speziellen Supervisionskompetenzen. Das vorliegende Buch geht von der Annahme aus, dass Reflexion mit dem Charakter von Supervision und/oder Intervision für die schreibpädagogische Praxis von Interesse sein könnte und hier bedeutende Potenziale für den Berufsstand liegen.

Im theoretischen Diskurs setzt sich die schreibpädagogische Fachliteratur mit Reflexion durchaus auseinander, bezieht Reflexion aber eher selten auf schreibpädagogische Berufsrollen. Auch eine intensive Fachdiskussion zur Nutzung von Supervision oder Intervision im Berufsfeld gibt es bislang nicht. Reflexion könnte aber Ausdruck von Qualitätssicherung des beruflichen Handelns und auch zunehmender Professionalisierung des Berufes sein (zur Professionalisierung in pädagogischen Arbeitsfeldern siehe Helsper (2021)). Ziel der Arbeit in Supervisions- bzw. Intervisionssettings ist es, helfende, therapeutische, beratende und (sozial-)pädagogische berufliche Beziehungen zu reflektieren, um die Hilfe-, Dienst- oder Beratungsleistung in ihrer Qualität abzusichern und für die Inhaberinnen der Berufsrolle das Potenzial beruflicher Selbstgestaltung durch Reflexion zu fördern. Ihre Relevanz begründet sich wie folgt: „Reflexion ermöglicht Menschen, ihre Arbeitssituation nachzuerleben, in erweiterter Perspektive zu betrachten, eine kritische Distanz zu ihr zu entwickeln und sie dadurch zu beeinflussen, aber auch die Grenzen einer solchen Beeinflussung zu erkennen." (Pfab, 2020, 173)

Das vorliegende Buch verfolgt das Ziel, in einem ersten Schritt die angesprochene Reflexionsleistung für das betrachtete Berufsfeld theoretisch zu er- und begründen, um auf den theoretischen Erkenntnissen aufbauend in einem zweiten Schritt eine Anwendung professioneller Reflexion zu planen, die in einem Schreibgruppenkonzept mit Intervisionssetting liegen soll. Das korrespondierende theoretische Erkenntnisinteresse für die nachfolgende praktische Anwendung liegt in der Klärung von zwei zentralen Fragen:

1. Welche Methoden aus dem Leistungsspektrum von Supervision und Intervision lassen sich nutzen, um die Reflexion für die schreibpädagogische Praxis anzuleiten und zu fördern? *(Methodenscreening)*

Auf der Grundlage dieses Methodenscreenings soll dann eine zweite Frage geklärt werden:

2. Wie könnten geeignete Methoden übertragen werden in das Medium, in dem sich schreibpädagogisch Tätige in der Regel bewegen – nämlich ins Schreiben? *(Methodenadaption)*

Mit der letzten Frage verbunden sind auch die Anforderungen, denen ausgewählte Methoden für die Adaption genügen müssen: Die Methoden sollten der Reflexion der Herausforderungen in der Berufspraxis dienen, in sinnvolle Ablaufschritte der Intervision integrierbar sein, in Schreibmethoden überführbar sein und durch kreative Impulse Mehrwert gegenüber herkömmlichen bzw. informell praktizierten Ansätzen bieten. Vorab sei angemerkt, dass dieser Anspruch hier nur im Sinne eines kreativen Gestaltungsansatzes eingelöst wird, dessen empirische Erprobung nicht an dieser Stelle erfolgt.

Mit dem Screening von Methoden und ihrer Adaption wird ein Benchmarking-Ansatz verfolgt. Benchmarking ist in Anlehnung an Zerfass und Volk (2019, 45) ein bekanntes und recht häufig genutztes Tool, „mit dem eine vergleichende Analyse von Ergebnissen, Programmen oder Prozessen mit einem festgelegten Bezugswert, dem Benchmark bzw. Vergleichsmaßstab. (…) Die Kernidee dahinter ist es, von Best Practices bzw. Vorreitern (…) zu lernen und daraus die richtigen Schlüsse für die eigene Arbeit zu ziehen. (…) Das Benchmarking beschreibt die Suche nach Lösungen, die auf den besten Methoden und Verfahren (…) – den Best Practices – basieren (…)." Für das Anliegen des vorliegenden Buches verfolgt das Benchmarking den Vergleich von Prozessen und Methoden der reflexiven Betrachtung in bestehenden Supervisions- und Intervisionsansätzen im psychosozialen Berufsfeld, um Leistungspotenziale für vergleichbare Reflexionsprozesse für die schreibpädagogische Praxis zu erschließen.

Aufbauend auf den Ergebnissen dieses Vergleichsprozesses wird dann ein Schreibgruppen-Konzept für einen innovativen Resonanz- bzw. Reflexionsraum entwickelt, der ein Intervisionsetting für Schreibpädagoginnen als Chance eröffnen soll, um in Kollegialer Beratung berufliches Handeln schreibend zu betrachten und zu optimieren. Das schreibgruppenpädagogische Konzept wird sich an methodischen Vorgehensweisen verschiedener schreibpädagogischer Vorbilder orientieren, so z. B. an von Rechenberg-Winter und Haußmann (2015), Haußmann (2017), Alers (2018, 2020), Gräßer et al. (2020) sowie Unterholzer (2021). Der vorliegende Ansatz versteht sich zusammenfassend als *ein theoretischer, systematischer Ansatz zur Entwicklung eines praxisrelevanten pädagogischen Konzeptes.*

Die hier geschilderten Ansprüche sollen in den folgenden Kapiteln sukzessive eingelöst werden. Dafür klärt das zweite Kapitel, was unter dem Begriff „schreibpädagogische Praxis" gefasst wird, wie das Berufsfeld skizziert werden kann, welche Berufsrollen mit welchen Tätigkeitsprofilen, Herausforderungen und Belastungen dort zu finden sind und inwiefern Reflexion als Mittel der Qualitätssicherung und zur Professionalisierung in diesem Berufsfeld sinnvoll sein könnte. Das Kapitel drei widmet sich dann ausführlich dem Begriff Intervision und grenzt diese Reflexionspraxis von verwandten Konzepten wie Supervision, Coaching und Beratung ab, um eine Arbeitsdefinition für den Rahmen der vorliegenden Untersuchung festzulegen und ein Prozessmodell für das spätere

Schreibwerkstattkonzept abzuleiten. Im vierten Kapitel erfolgt eine Betrachtung der Methoden, die für die Reflexion in Supervision und insbesondere Intervision eingesetzt werden, um im Sinne des o. g. Benchmarking-Ansatzes relevante Methoden für ein Schreibkonzept zu identifizieren und für das Medium Schreiben zu adaptieren. Die Gestaltung des Schreibgruppenansatzes basiert auf einer kreativen Leitidee, die am Ende des vierten Kapitels vorgestellt wird. Als Hauptkapitel für die Gestaltungsleistung dieses Buches können das fünfte und sechste Kapitel gelten, in denen die Entwicklung des Schreibgruppenkonzeptes schrittweise präsentiert wird. Mit den Möglichkeiten für die Evaluation des Konzeptes beim Praxiseinsatz wird die Darstellung des Schreibwerkstattkonzeptes abgerundet. Kapitel sieben bietet dann abschließend eine Zusammenschau zum Intervisionssetting als Reflexionsraum für die schreibpädagogische Praxis.

1.2   Klärung zentraler Begriffe

Als Orientierungshilfe für die Lektüre der folgenden Kapitel werden wesentliche Fachbegriffe hier in ihrem inhaltlichen Kern in alphabetischer Reihenfolge wiedergegeben. Die Begriffsbestimmungen sind in ihrer Entfaltung im Detail den nachfolgenden Kapiteln zu entnehmen. Dort werden auch alle Quellen aufgeführt, die für die jeweiligen Kurzdefinitionen genutzt wurden. Auf Quellenangaben wurde allerdings an dieser Stelle verzichtet, um den Glossarcharakter zu erhalten. Ein Seitenverweis (S. ...) hinter jedem Begriff macht die Quellen aber leicht zugänglich.

Beratung: ist eine Bezeichnung für eine fachkundige Partnerschaft auf Zeit, in der Beraterinnen Klientinnen bei der Bearbeitung eines Anliegens begleiten. Sie funktioniert nach den Prinzipien der Freiwilligkeit des Aufsuchens und der Verschwiegenheit über die anvertrauten Probleme. Beratung wird heute als eine Dienstleistung mit hohem Vertrauensgut in ganz unterschiedlichen wirtschaftlichen, gesellschaftlichen, sozialen, pädagogischen und therapeutischen Kontexten ausgeübt. Coaching, Intervision und Supervision können als spezielle Beratungsformen verstanden werden. *(S. 34 f.)*

Coaching: ist eine professionelle Beratungsform, die auf die Aktivierung der Ressourcen des Coaches setzt und wird als Begriff für alle möglichen Entwicklungsprozesse für Personen beansprucht, ganz unabhängig von Hierarchieebenen in Organisationen und Entwicklungszielen. Im Coaching beauftragt eine Klientin eine Beraterin zur Prozessbegleitung bei der persönlichen Standortbestimmung, der Schärfung von Zielen, der Entwicklung von Problemlösungs- und Umsetzungsstrategien oder bei dem gezielten Ausbau von Kompetenzen oder Leistungen. *(S. 33 f.)*

Intervision: ist eine Form selbstorganisierten Lernens in einem Setting Kollegialer Beratung, die zum Zweck der Professionalisierung das berufliche Handeln in Selbst- und Fremdreflexion in den Blick nimmt. Intervision ist in Struktur, Prozessen und Methoden verwandt mit der Supervision, die im Unterschied zur Intervision aber immer unter fachlicher Leitung stattfindet. Intervision wird in der Fachliteratur synonym auch als *Kollegiale Beratung* bezeichnet. *(S. 36 f.)*

Intervisionssetting: ist die Bereitstellung eines Ortes und eines Instrumentariums zur Korrektur, Entwicklung und immer neuen Gestaltung beruflichen Handelns. Es ist das kommunikative Angebot eines Weges, Antworten miteinander zu suchen auf Fragen, die sich in der Berufsausübung ergeben. Durch die Bearbeitung der korrespondierenden Themen soll sich für die Berufstätigen eine zufriedenstellende, professionelle und souveräne Ausübung ihres Berufes einstellen. *(S. 78)*

Pädagogik: bedeutet so viel wie Erziehung oder Unterweisung. Als wissenschaftliche Disziplin ist damit die Theorie und Praxis der Erziehung und Bildung gemeint für Kinder, Jugendliche und auch Erwachsene. Schreibpädagogik ist eine Spezialdisziplin der Pädagogik. *(Schreibpädagogik – S. 6)*

Profession: bedeutet, ins Deutsche übersetzt, Beruf. Darunter wird eine Tätigkeit verstanden, die gegen Entgelt meist dauerhaft ausgeübt wird und für die eine Qualifizierung durch eine meist spezialisierte Ausbildung vorliegt. Unter *Professionalisierung* versteht man Entwicklungen und Engagements in einem Tätigkeitsfeld, die zum Ziel haben, die Qualität in der Ausbildung zum Beruf und in der Ausübung des Berufes zu verbessern und zu sichern. *Professionelles Handeln* bedeutet, dass Tätigkeiten in der Berufsausübung sich an Qualitätsstandards des Berufsstandes orientieren – sofern diese schon definiert sind. *(S. 17)*

Reflexion: wird verstanden als das Nachdenken über etwas oder die kritische Betrachtung von etwas, das das Subjekt als denkende Instanz betrifft. Für berufliche Bildung wird ein Zusammenhang von Reflexion und Professionalität postuliert. Der Selbstreflexion, also der kritischen Betrachtung der eigenen Person in ihrer Berufsrolle und ihres beruflichen Handelns, kommt in Bildungskontexten der Stellenwert eines Qualifikationsmerkmals zu. *(siehe S. 23)*

Reflexionsraum: Reflexion findet immer in einem bestimmten Kontext statt. Dieser Kontext wird hier als sozialer Raum verstanden, nämlich als die Intervisionsgruppe, in der die kritische Betrachtung der beruflichen Rolle und des Rollenhandelns erfolgt. In diesem Raum werden Intervisionsmethoden, die Reflexion befördern, angewendet. Diese werden in Schreibmethoden übersetzt, die Prozesse der kritischen Betrachtung anregen. Daher ist auch das Medium Schreiben selbst als Reflexionsraum zu verstehen. (Siehe hierzu auch die Erläuterung auf S. 1 unten.) *(S. 24)*

Schreiben – Kreatives und Biografisches: fördert durch spezifische Schreibmethoden Prozesse, um der Innenwelt von Menschen Ausdrucksmöglichkeiten
zu geben, sie in ihrer ästhetischen Expression zu unterstützen und Texte aller
Art zu produzieren. Ziele sind daneben Selbsterkenntnis, Entwicklung individueller Schreibstile sowie Entdeckung von Ressourcen und Entlastungsmöglich-
keiten durch den Schreibprozess. Darüber hinaus wird Kreatives Schreiben als
methodisch-didaktische Komponente genutzt, um Schreiben in unterschiedlichsten Bildungskontexten zu fördern. *(S. 10, 58)*

Schreibberatung: umfasst pädagogische und beratende Tätigkeiten, um
Schreibprobleme zu identifizieren und mit Schreibtechniken und -strategien
für unterschiedliche Schreibtypen die Erstellung von Textsorten aller Art zu
unterstützen und dabei gute Textergebnisse zu erzielen. *(S. 10)*

Schreibcoaching: überschneidet sich in den Leistungen stark mit denen der
Schreibberatung, allerdings steht hier die schreibende Person mit ihrer Persönlich-
keit und ihren Schreibproblemen mehr im Vordergrund, weswegen diese fachliche
Begleitung zumeist in einem längeren Prozess erfolgt und nicht nur das aktuelle
Schreibhandeln oder Textprodukt betrifft. *(S. 11)*

Schreibmethoden: sind Handlungsanleitungen für das Schreiben. Sie setzen
sich häufig aus drei Teilen zusammen: aus Instruktionen, aus Bezügen auf kognitive Prozesse, die durch die Instruktionen angeregt werden, und vielfach auch
noch aus der Angabe der Textsorte, die geschrieben werden soll. Alternativ zum
Begriff Schreibmethode werden in der Literatur auch die Begriffe *Schreibimpuls,
-anregung, -übung oder -aufgabe* mit gleicher oder ähnlicher Bedeutung verwendet. *(S. 58)*

Schreibpädagogik: setzt methodisch-didaktisches Wissen und Kenntnisse über
Sprache, Textsorten, Schreibprozesse, -typen, -strategien und -techniken dazu ein,
um Menschen – zumeist in Ausbildungskontexten – in der Erstellung der in
der Ausbildung geforderten Texte zu unterstützen. Auch psychologische Kenntnisse sind gefragt, um Schreibprobleme und -krisen mit den Ratsuchenden zu
bewältigen. Schreibpädagogische Tätigkeiten sind sowohl in der Schreibberatung
als auch im Schreibcoaching grundlegend und in diese Tätigkeiten integriert.
(Schreibpädagoginnen leiten auch Kreatives und Biografisches Schreiben [s. o.]
an.) *(S. 11)*

Schreibwerkstatt/-gruppe: hier finden sich Menschen zusammen, die gemeinsam Schreiben praktizieren, erweitern und ggf. verbessern wollen. Sie werden von
einer meist spezifisch ausgebildeten Person im Schreiben unterrichtet. Schreibpädagogische Angebote sind thematisch und methodisch ausgesprochen vielfältig
und prinzipiell für jede Alters- und Interessengruppe von Schreibenden denkbar.

Ihr gemeinsames Kennzeichen ist, dass Texte unter Anleitung erstellt und besprochen sowie ggf. auch bearbeitet werden und Schreibprozesse analysiert und bei Bedarf verbessert werden. *(S. 8)*

Supervision: ist eine unter fachlicher Leitung im Einzel- oder Gruppensetting gestaltete spezielle, praxisorientierte Beratungsform bzw. ein Prozess, um helfende, (psycho-)therapeutische, beratende und (sozial-)pädagogische berufliche Beziehungen zu reflektieren. Ihr Ziel ist, die Hilfe-, Dienst- oder Beratungsleistungen in ihrer Qualität abzusichern und für die Inhaberinnen der Berufsrolle das Potenzial beruflicher Selbstgestaltung durch Reflexion zu fördern. *(S. 31)*

Literatur

Alers, K. (2018). *Schreiben wir! Eine Schreibgruppenpädagogik.* Schneider Verlag.

Alers, K. (2020). Warum nicht schreiben? Schreibbasierte reflexive Praxis für Fachkräfte in pädagogischen Berufsfeldern. Ein Konzept. SchreibRÄUME. *Magazin für Journal Writing, Tagebuch & Memoir. Thema – Das Comeback des Tagebuchs.* 1/2020, 104–114.

Gräßer, M., Martinschledde, D., & Hovermann, E. (2020). *Therapie Tools Therapeutisches Schreiben.* PVU Psychologische Verlagsunion/Verlagsgruppe Beltz.

Haußmann, R. (2017). *Kreatives Schreiben zur Entwicklung von Ressourcen in Beratung und Coaching.* Vandenhoeck & Ruprecht.

Helsper, W. (2021). *Professionalität und Professionalisierung pädagogischen Handelns: Eine Einführung.* Verlag Barbara Budrich/UTB.

Pfab, W. (2020). *Kompetent beraten in der Sozialen Arbeit. Bausteine für eine gute Beratungsbeziehung.* Rheinhardt Verlag.

Rechenberg-Winter, P., & Haußmann, R. (2015). *Arbeitsbuch kreatives und biografisches Schreiben. Gruppen leiten.* Vandenhoeck & Ruprecht.

Schreiber, B., & Vedral, J. (2020). Niemand schreibt im Nirgendwo. SchreibRÄUME. *Magazin für Journal Writing, Tagebuch & Memoir. Thema – Das Comeback des Tagebuchs.* 1/2020, 1.

Schmid, B., Veith, T., & Weidner, I. (2019). *Einführung in die kollegiale Beratung* (3. Aufl.). Carl-Auer-Systeme Verlag.

Unterholzer, C. (2021). *Selbstwirksam schreiben. Wege aus der Rat- und Rastlosigkeit.* Carl-Auer Verlag.

Zerfaß, A., & Volk, S. C. (2019). *Toolbox Kommunikationsmanagement. Denkwerkzeuge und Methoden für die Steuerung der Unternehmenskommunikation.* Springer Gabler.

Schreibpädagogische Praxis

Susanne Femers-Koch

2.1 Berufsfeld, Tätigkeitsprofile und Berufsrollenbezeichnungen

Die *Tätigkeit von Schreibpädagoginnen* beschreibt von Werder (2017, 563) wie folgt: „Sie geben Kurse zum Kreativen Schreiben und dessen Auswirkungen auf den Ausgleich von Körper, Geist und Seele". Schreibgruppen oder -werkstätten sind nach von Werder (2017, 588) Gruppen, die sich eben wegen des Schreibens zusammenfinden. Sie werden von einer meist spezifisch ausgebildeten Person im Schreiben unterrichtet. Schreibpädagogische Angebote richten sich vielfach an Gruppen. Schreibpädagoginnen begleiten ihre Schülerinnen bzw. Klientinnen[1] aber auch im Einzelsetting. Die Ziele dieser pädagogischen Begleitung können recht unterschiedlich sein und auch die Bezeichnung der Tätigkeit ist heterogen. Daher werden hier zur Skizzierung der schreibpädagogischen Praxis unterschiedliche Anwendungsfelder vorgestellt, in denen Texte unter Anleitung erstellt und bearbeitet sowie Schreibprozesse angeregt, analysiert und verbessert werden. Neben dem Begriff Schreibpädagogik sind für dieses Tätigkeitsspektrum auch die Begriffe Schreibberatung und Schreibcoaching gebräuchlich. Gemeinsamkeiten und Unterschiede dieser Konzepte werden nachfolgend vorgestellt.

In Deutschland werden unter *Kreativem Schreiben* „spielerisch-ästhetische Kommunikation, neue didaktische Formen des Schreibens, poesietherapeutische und autobiografisch/biografisch orientierte Arbeit" (Mischon, 2019, 5) gefasst. Hier geht es nicht um die Frage, wie man „richtig" (im präskriptiven Sinne)

---

[1] Als Klientinnen werden hier und im Folgenden zusammenfassend solche Personen bezeichnet, mit denen schreibpädagogisch Tätige arbeiten: Das können Teilnehmerinnen von Schreibgruppen sein, Personen, die Schreibpädagoginnen zu einem spezifischen Problem beim Schreiben aufsuchen und sich beraten lassen oder auch Menschen, die sich im Schreiben in einer längerfristigen Prozessbegleitung coachen lassen.

© Der/die Autor(en), exklusiv lizenziert an Springer Fachmedien Wiesbaden GmbH, ein Teil von Springer Nature 2022
S. Femers-Koch, *Intervision für die schreibpädagogische Praxis*,
https://doi.org/10.1007/978-3-658-38865-2_2

schreibt, sondern um die Möglichkeit, mit Kreativem Schreiben der eigenen Innenwelt Ausdruck zu geben, sein Ausdrucksvermögen zu entdecken oder zu erweitern. Durch spezifische Schreibmethoden wird die Produktion von Texten aller Art, wie z. B. Erzählungen, Gedichte, Listen, Szenische Texte, Briefe oder freie Texte, angeregt. Dies kann der Selbsterkenntnis dienen, der Entwicklung individueller Schreibstile oder auch der Wahrnehmung von Ressourcen. Kreatives Schreiben in diesem Sinne ist von Kreativem Schreiben als literarischer Qualifikation abzugrenzen, die im amerikanischen Raum als „Creative Writing" gefasst wird. Nach Alers (2018, 10) hat sich „das (Kreative) Schreiben in Gruppen stark ausdifferenziert, und die es Vermittelnden, Ermöglichenden und Begleitenden haben sich zunehmend professionalisiert. Es findet Platz in Schule und Erwachsenenbildung, ist anerkannte Methode in therapeutischen, wissenschaftlich-akademischen, journalistischen und anderen beruflichen Kontexten (…)".

Kreatives Schreiben setzt sich in Deutschland im wissenschaftlich-akademischen Kontext mehr und mehr auch als „methodisch-didaktische Komponente durch, die das Schreiben in den unterschiedlichsten Bildungskontexten" unterstützen kann (Bräuer, zitiert nach Mischon, 2019, 10). Damit ist die *Schreibberatung* für Studierende und Wissenschaftlerinnen angesprochen, die ihre Publikationen mit professioneller pädagogischer Unterstützung zu erstellen lernen. Keiderling (2021, 5) verweist auf ca. 70 Schreibberatungsangebote an Hochschulen im deutschsprachigen Raum. Dies sind Schreibzentren als „universitäre Einrichtungen, die das Schreiben durch Lehr- und Beratungsangebote fördern" (Girgensohn & Sennewald, 2012, 90). Nach Keiderling (2021, 7) umfasst das Angebot von Schreibzentren „individuelle Schreibberatung, Schreibseminare und -workshops". Es wird auch didaktisch-pädagogische Forschung durchgeführt und das Ziel verfolgt, Schreibdidaktik stärker in der Lehre zu etablieren, wie es z. B. Lahm (2016) mit dem „Handwerkszeug für Lehrende" propagiert. Daneben gibt es auf dem freien Markt Schreibpädagoginnen, die ihre Schreibprozessbegleitung freiberuflich für wissenschaftliche Publikationsprojekte und jede Menge anderer Texttypen anbieten, die z. B. in wirtschaftlichen oder kulturellen Kontexten zu erstellen sind.

Das Tätigkeitsprofil in einer Schreibberatung ist anspruchsvoll (vgl. z. B. Grieshammer et al., 2012). Dazu gehören nach Keiderling (2021, 19) aktives Zuhören in der Interaktion mit Ratsuchenden, Bewusstmachen von Schreib- und Leseprozessen sowie verschiedenen Schreibtypen, die Identifikation von Problemen beim Schreiben, die Vermittlung von Schreibtechniken und -strategien sowie von Textsortenwissen, das Geben von Textfeedback und die Anregung zum reflexiven Schreiben. Klemm (2011, 134, 146) zeigt ein hochdifferenziertes Leistungsportfolio von Kenntnissen, Fähigkeiten und Fertigkeiten auf, die in der pädagogischen Beratung für ein gutes Textergebnis notwendig sind, die hier aus Platzgründen nicht im Detail wiedergegeben werden können. Es geht um Sprachwissen, Schreibkompetenz und Textsortenkenntnisse, Textanalysefähigkeiten, schreibdidaktische und -methodische Kompetenzen, kommunikationstheoretisches Wissen und praktische Kommunikationsfähigkeiten. Diese und ähnliche Ausführungen, wie z. B. auch bei Fröchling (2018, 237 ff.), zeigen, dass in der Schreibberatung hochqualifizierte Personen gefragt sind. Mit Bezug auf das konkrete berufliche Handeln zeigt sich eine Überschneidung von pädagogischen, beratenden bis hin zu psychologischen Tätigkeiten.

In der Schreibberatung geht es häufig nicht nur um das Textprodukt und wie es „richtig" gestaltet wird, sondern darum, Meta-Probleme zu bearbeiten, die die Schreibenden mitbringen: das Aufschieben von Schreibaufgaben, die Angst vor dem leeren Blatt oder der leeren Bildschirmseite, Leistungs- und Versagensängste, negative, nicht aufgearbeitete Schreiberfahrungen, quälende Schreibblockaden oder gar existenzgefährdende Schreibkrisen, die die akademische Arbeit oder ein außerhochschulisches Texterinnen-Leben betreffen und ggf. infrage stellen. Eine ganze Reihe von Arbeiten beschäftigen sich mit der Identifikation, Analyse, pädagogischen Bearbeitung und Lösung solcher Schreibstörungen (vgl. z. B. Werder et al., 2001, Scheuermann, 2009, oder Heimes, 2015).

Wer schreibpädagogisch arbeitet, ist also mit kleinen und großen Schreibkrisen konfrontiert, muss solche fordernden Beratungssituationen bewältigen und Grenzen der Möglichkeiten von Schreibberatung erkennen. Gegebenenfalls müssen auch Schreibschülerinnen bzw. Klientinnen an Expertinnen in angrenzenden Berufsfeldern verwiesen werden, um dort Hilfe zu bekommen (z. B. psychologische Beratungsstellen). Solche Grenzen zu ziehen ist nicht einfach, ist dies doch mit dem Erleben eigener Leistungsgrenzen verbunden. Scheuermann (2008) hat für die Schreibbegleitung eine ganze Reihe von recht anspruchsvollen psychologischen Interventionen identifiziert, die über den rein pädagogischen Rahmen der Schreibunterstützung deutlich hinausgehen und nur von spezifisch vorgebildeten Schreibbegleiterinnen oder Psychotherapeutinnen angewendet werden sollten.

In der Schreibberatung geht es also um deutlich mehr als um die Anleitung zum Schreiben von Texten. Die Unterstützung gleicht vielmehr häufig Coaching-Prozessen. In den letzten Jahren ist in der Fachdiskussion und in schreibpädagogischen Angeboten daher der Begriff *Schreibcoaching* mehr und mehr gebräuchlich (vgl. z. B. Seidl, 2013). Es kommt auch vor, dass die Begriffe synonym verwendet werden, was Geuen und Henning (2021, o. S.) kritisieren. Denn auch wenn sich die Tätigkeiten ähneln, weisen sie doch Unterschiede auf.

Diese liegen nach Klemm (2004, zitiert nach Geuen und Henning, 2021, o. S.)
in der „Intensität, Inhalts- bzw. Themenkomplexität und Dauer". Klemm (2011,
133) weist auf die punktuelle Arbeit am Text in der Schreibberatung hin, in der
es z. B. nur um Formulierungen oder Gliederungen gehen kann und eine zeitliche Limitierung. Für das Schreibcoaching als intensivere Begleitung braucht
es die längerfristige Betreuung, meist „on the job". Eine solche Differenzierung
nimmt auch Bräuer (2014) vor. Schreibberatung ist für ihn „individuelle Begleitung von Schreibenden in allen Phasen der Textproduktion durch ausgebildete
Schreibberater*innen" – mit dem Ziel, einen besseren Text zu produzieren und
das Schreibhandeln zu optimieren (Bräuer, 2014, 269). Schreibcoaching dagegen
hält er für „das Umsetzen eines Trainingsprogramms zur gezielten Veränderung
des aktuellen Schreibhandelns unter längerfristiger Anleitung durch (…) eine
Fachperson" (Bräuer, 2014, 270). Für das schreibpädagogische Tätigkeitsspektrum kann festgehalten werden, dass hier nicht nur kurzfristige textbezogene
Beratungstätigkeit geleistet wird, in der Erkenntnisse und Fertigkeiten vermittelt
werden, um ein Textprodukt zu optimieren. Zum schreibpädagogischen Handeln gehört vielmehr auch, längerfristige Beraterinnen-Klientinnen-Beziehungen
zu gestalten. Schreibpädagogisch Tätige müssen also auch in der Lage sein,
Beziehungen zu managen (vgl. Geuen & Hennig, 2021, o. S.).

Schreibpädagogik gibt es, wie gesagt, auch außerhalb des akademischen Kon-
textes. Insbesondere Schreibcoaching richtet sich oft an Menschen außerhalb
der akademischen Welt. Fröchling (2002, 11) z. B. fasst Schreibcoaching als
eine Arbeit im Einzelsetting, um Klientinnen in ihren spezifischen Anliegen zu
begleiten, zu fördern und mit ihnen Schreiben zu trainieren. Sie definiert Schreibcoaching „als personzentrierte (Einzel-)Beratung entlang der Frage, wie das
berufliche, wissenschaftliche oder literarische Schreiben von der Person bewältigt
wird" (Fröchling, 2002, 11). Während bei der (reinen) Schreibberatung fachliche
Fragen zum gelungenen Text geklärt werden, hält auch sie das Schreibcoaching
für eine individuelle Prozessbegleitung: „Letztendlich geht es (…) beim Schreibcoaching vor allem um den Menschen, der schreibt, und nicht um ein bestimmtes
Schreibergebnis." (Fröchling, 2018, 20). Schreibcoaching in diesem Sinne ist ein
professionelles Dienstleistungsangebot für die freie Wirtschaft und hat den Markt
außerhalb der Schreibbegleitung in der Wissenschaft im Blick. So erweitert sich
mit Schreibcoaching-Ansätzen also der Adressatenkreis schreibpädagogischer
Tätigkeiten. Auch in diesem Kontext wird eine längerfristige Zusammenarbeit
gepflegt, die Kompetenzen in der Klientinnen-Kommunikation und im Beziehungsmanagement implizieren (Keiderling, 2021, 9). Zusätzlich muss aufgrund
des erweiterten Adressatenkreises auch die Fähigkeit zur sozialen Perspektivenübernahme ausgeprägt sein oder erweitert werden, da die Settings der Klientinnen

ja heterogen sind. Es gilt also, sich auch auf unterschiedliche Arbeits- und Sprachkulturen einzustellen. Auch wenn hier die beratende Tätigkeit von Schreibpädagoginnen von der coachenden abgegrenzt wurde, muss die wenig einheitliche Verwendung der Begriffe im Berufsfeld konstatiert werden. Haußmann (2017, 183) skizziert die Begriffsverwendung und -verwirrung wie folgt: „In der Fachliteratur und der Praxis werden die Begriffe Schreibberatung und Schreibcoaching oft synonym verwendet, und letztlich bleibt es jeder Akteurin im Feld überlassen, wie sie ihr Angebot gestaltet und bezeichnet."

Fazit und Schlussfolgerung: Es kann gesagt werden, dass die schreibpädagogische Praxis ein heterogenes Berufsfeld darstellt. Hier bieten Expertinnen mit den Berufsrollenbezeichnungen Schreibpädagogik, Schreibberatung und Schreibcoaching anspruchsvolle Unterstützungsangebote für Klientinnen aus dem akademischen und außerakademischen Bereich. Kreatives Schreiben zur Selbstexploration und -expression wird methodisch in Schreibgruppen von Schreibpädagoginnen unterstützt. Dagegen steht in der Schreibberatung im Zentrum der Tätigkeit die Begleitung bei der Erstellung von Texten und die Klärung von Schreibprozessen und -problemen. Die Ausbildungen, die auf diese Berufspraxis vorbereiten, sind heterogen und werden weiter unten mit Blick auf den Professionalisierungsgrad des Berufsfelds noch näher betrachtet. Zuvor sollen aber noch die Herausforderungen und Belastungen schreibpädagogisch Tätiger herausgestellt werden. Denn diese können auf den Wert von Reflexion für das berufliche Handeln verweisen, die hier im Sinne von Intervision näher untersucht werden soll.

2.2 Herausforderungen und Belastungen in der Berufsrolle

Pädagoginnen sind – ganz allgemein gesagt – Menschen, die „mit und für Menschen arbeiten" (Schlee, 2019, 16) und deren Berufstätigkeit mit für das Berufsfeld typischen Herausforderungen und Belastungen verbunden ist (vgl. z. B. Schlee, 2019, 16 f.). Die Leistungen in der schreibpädagogischen Praxis liegen nicht nur im Anwenden und Vermitteln von Fachwissen, der Analyse der Klientinnen-Anliegen und der fachlichen Begleitung von Arbeitsprozessen, sondern auch in der Gestaltung der Interaktion im Beratungsprozess. Damit sind mehrere Gestaltungsaufgaben angesprochen:

a) die Kommunikations- und Beziehungsgestaltung,
b) die Rollengestaltung,
c) die Erwartungsgestaltung und
d) die Prozessgestaltung.

Diese Gestaltungsaufgaben sind im praktischen Handeln immer verknüpft, werden hier zur analytischen Betrachtung getrennt untersucht, um Herausforderungen und Belastungen zu verstehen.

a. *Die Kommunikations- und Beziehungsgestaltung:* Schreibpädagoginnen sind gefordert, Klientinnen als Subjekte angemessen wahrzunehmen, eventuelle *Widerstände* gegen Hilfe, Beratungsinhalte und vorgeschlagene Veränderungen zu managen sowie *Übertragungs- und Gegenübertragungsphänomene* zu reflektieren und für die Prozess-Steuerung zu nutzen (Loebbert, 2016, 3 und 20 f.). In Übertragung und Gegenübertragung werden Erfahrungen aus früheren Beziehungen im gegenwärtigen Beziehungskontext reaktiviert und können ggf. Beziehungen auf für die Betroffenen schwer nachvollziehbare Weise beeinträchtigen. Das heißt, was in der gegenwärtigen Beratungssituation eigentlich gar keine Rolle spielt, ein innerpsychischer Konflikt, kann Sand im Getriebe aktueller Beraterinnen-Klientinnen-Beziehungen sein und stellt hohe Anforderungen an die Kommunikation. Solche Situationen können für Schreibpädagoginnen leicht zu einer Überforderung werden. Wird diese spürbar, kann Intervision Entlastung schaffen.

b. *Die Rollengestaltung:* Schreibpädagoginnen haben in ihrem beruflichen Handeln viele Freiräume und Gestaltungsmöglichkeiten, denn Schreibanleitung und -begleitung verlaufen nicht nach einem eindeutigen „Schema F". Vielmehr müssen auf den einzelnen Fall bezogen Probleme analysiert und Lösungsstrategien erarbeitet bzw. für einen kreativen Gestaltungsrahmen geeignete Methoden aus einer Vielfalt von Möglichkeiten ausgewählt werden. Folge ist, dass aus diesen Freiheiten in der Gestaltung auch Unsicherheiten bei den Rolleninhaberinnen resultieren können über das „richtige", angemessene Handeln. Berufsrollen mit viel Gestaltungspotenzial nennt man auch *„weiche" Berufsrollen.* Das berufliche Handeln in solchen „weichen" Berufsrollen geht häufig mit Konflikten (Fischer & Wiswede, 2009, 519 f., Loebbert, 2016, 7) einher, von denen erwartet wird, dass sie souverän gesteuert werden. Es kann z. B. *Konflikte* über die gegenseitigen Erwartungen bei Beraterin und Klientin geben, Konflikte über die Qualität des Beratungsprozesses und die Qualität der resultierenden Texte und darüber, wer die Verantwortung dafür hat. Arbeiten Schreibpädagoginnen als Schreibgruppenleiterinnen, ist auch die

Dynamik in einer Gruppe eine häufige Anforderung der Konfliktidentifikation und -regulierung. Der Erfahrungsaustausch dazu kann in der Intervision hilfreich sein.

c. *Die Erwartungsgestaltung:* An soziale Rollen wird ein ganzes Bündel *sozialer (Verhaltens-)Erwartungen* geknüpft (Lippmann, 2013, 31). An die Rollen in der Schreibpädagogik, -beratung oder im -coaching gibt es komplexe soziale Erwartungen der Klientinnen. Diese sind nicht immer sinnvoll im Sinne eines gelungenen Schreibhandelns. Klientinnen möchten in der Beratung gut aufgehoben, d. h. an der „richtigen" Stelle sein. Sie möchten Empfehlungen für den sicheren (Text-)Erfolg. Den gibt es aber nicht in jedem Fall und auch nicht ohne eigenes Zutun. *Enttäuschungen* über pädagogische Anleitungen oder Beratungsempfehlungen können z. B. daraus resultieren, dass trotz aller Mühe und Kompetenz ein Ergebnis erzielt wird, das unter den Erwartungen bleibt. So kann trotz sehr guter Schreibberatung eine Examensarbeit „nur" befriedigend oder ausreichend sein. Oder trotz des Besuches eines Kurses im Kreativen Schreiben sind die entstandenen Gedichte nicht preisverdächtig. Auch im Schreibcoaching kann es passieren, dass ein dort unter pädagogischer Begleitung erarbeiteter Text aus einem unterstützten Schreibprozess nicht die Erwartungen des Unternehmens trifft, das die Klientin entsandt hat. In solchen Fällen müssen Schreibpädagoginnen mit Kritik und enttäuschten Erwartungen umgehen können. Das kann als zermürbend oder belastend erlebt werden. Intervision kann hier entlastend sein und Anregungen für das Erwartungsmanagement bieten.

d. *Die Prozessgestaltung:* Ein *Beratungsprozess* in der schreibpädagogischen Praxis wie auch in anderen Kontexten kann oft in seiner *Qualität* nur schwer eingeschätzt werden. Er ist kein Produkt, dessen Güte physisch vermessen werden kann. Beratungsleistungen werden in einem gemeinsamen Interaktionsprozess zwischen der pädagogisch Beratenden und der Klientin hergestellt, sie sind *keine „interaktiven Fertigprodukte".* Es gibt keine sicheren Handlungsanleitungen für die schreibpädagogische Rolle. Für „weiche" Rollen gibt es nie fertige „Interaktionsgebrauchsanweisungen" (Fischer & Wiswede, 2009, 519 f.). Vielmehr ist „role making" statt „role taking" gefragt. Damit einher geht auch die Tatsache, dass pädagogische Beratungsleistungen sog. „*Vertrauensgüter"* sind, d. h., eine Klientin muss der Schreibpädagogin Vertrauen als eine Art „riskante Vorleistung" entgegenbringen, was immer eine Wahrscheinlichkeit der Enttäuschung des Vertrauens in sich birgt (Luhmann, 2000). Häufig zeigt sich erst später nach der Durchführung einer pädagogischen Konsultation, ob eine Intervention die gewünschten Effekte hat. Daher ist eine

Beratungsempfehlung oder pädagogische Hilfestellung ein intangibles Vertrauensgut, dessen Wert nicht in dem Moment eingeschätzt werden kann, in dem eine Empfehlung abgegeben wird. Dies stellt hohe Anforderungen an die Gestaltung des pädagogischen Beratungsprozesses. Intervision kann dafür Gestaltungspotenziale erschließen.

Gerade für Berufsrollen mit einem sog. *„interpretativen"* *Paradigma*, wie es hier für die schreibpädagogische Praxis dargestellt wurde, werden in der Fachliteratur Supervisions- und Coaching-Gruppen, berufsbegleitende Rollentrainings oder auch Intervision empfohlen: „Intervision fokussiert auf den Austausch zwischen Kolleg*innen (´inter´) und die daraus resultierenden neuen Sichtweisen (´vision) professionellen Handelns." Und Intervision dient der „reflexiven und lösungsorientierten Bearbeitung ihrer individuellen Fragestellungen" (Kühl & Schäfer, 2020, 5). Als typische Anlässe für Intervision nennt Tietze (2020, 31 ff.) u. a. Fragen zum Umgang mit Klientinnen, die Bewältigung neuer, noch nicht erprobter Beratungsaufgaben, die Integration neuer Personen in einer Gruppe, die eigene Arbeitsweise und Leistung, Probleme mit oder zwischen Klientinnen, als gestört wahrgenommene Abläufe oder sonstige Probleme in der Leistungserstellung. *Schreibpädagogische Tätigkeit* kann solche Intervisionsanlässe durchaus erwarten lassen, ist also *„ein Fall"* *für die Intervision* – so kann man aus der Analyse der Herausforderungen weiter oben schließen.

Langfristig kommt es in helfenden, pädagogischen bzw. beratenden Berufen im Allgemeinen auch darauf an, die Leistungsfähigkeit u. a. mit *reflexiver Emotionsregulation* zu stützen (vgl. z. B. Rastetter, 2008 oder Nerdinger, 2011), um – im schlimmsten Fall – typische Prozesse der Desillusionierung oder gar des Ermüdens zu verhindern. Emotionen, die bei der pädagogischen Arbeit am Menschen zwangsläufig aufkommen, werden im besten Fall nicht nur gefühlt, sondern be- oder verarbeitet und reflektiert in das Rollenhandeln integriert. Solche Prozesse gelingen im sozialen Kontext einer Intervisionsgruppe meist besser als alleine. Peters und Zegenhagen (2021, 201) sehen Schreibberaterinnen als eine Berufsgruppe, die viel Empathie aufbringen und emotionale Herausforderungen meistern muss, weil sie viele belastende Situationen erleben. Schließlich kommen Klientinnen mit Problemen zu ihnen. In der Problembearbeitung von Klientinnen-Anliegen sehen Peters und Zegenhagen (2021, 201) auch die „Gefahr von falschen Annahmen, überforderndem Aktionismus, zu hohen Ansprüchen, Misstrauen und Konfliktvermeidung", wenn die Identifikation mit Ratsuchenden (zu) hoch ist. Folge kann Unzufriedenheit im Beruf sein. Daher ist Selbstfürsorge wichtig, um Belastungsgrenzen zu erkennen und nicht zu überschreiten. Dafür kann Intervision sensibilisieren.

Fazit und Schlussfolgerung: Es kann festgehalten werden, dass die Belastungen in der schreibpädagogischen Praxis durchaus als Anlässe für Supervision bzw. Intervision gelten können. Aus- und Weiterbildung sollten Berufstätige sinnvoll und im besten Fall ausreichend auf ihre beanspruchende Berufspraxis vorbereiten oder sie mit passenden Angeboten in der Leistungserbringung unterstützen. Daher soll im Folgenden der Frage der beruflichen Aus- und Weiterbildung im schreibpädagogischen Berufsfeld nachgegangen werden. Es soll auch geklärt werden, ob in diesem Kontext Intervision oder Supervision überhaupt eine Rolle spielen. Diese könnten Ausdruck von Belastungsprävention und Qualitätssicherung in einer professionalisierten Berufspraxis sein.

2.3 Professionalisierung und Qualitätssicherung im Berufsfeld

Auf Max Weber (1985, 80) geht die Auffassung zurück, dass ein *Beruf* eine spezifische Form der Leistung ist: „Beruf soll jene Spezifizierung, Spezialisierung und Kombination von Leistungen einer Person heißen, welche die Grundlage einer kontinuierlichen Versorgungs- und Erwerbschance ist. (…) Zum Gegenstand selbständiger und stabiler Berufe werden nur Leistungen, welche ein Mindestmaß von Schulung voraussetzen und für welche kontinuierliche Erwerbschancen bestehen." Mit einem Beruf wird das Erziehungs- und das Wirtschaftssystem einer Gesellschaft gekoppelt (Kurtz, 2001, 189), denn der erlernte Beruf dient der Erwerbsarbeit. In den letzten hundert Jahren haben sich Berufe so sehr gewandelt, dass sie der Vorstellung des Soziologen Weber nicht mehr ganz entsprechen. Sie sind zwar immer noch „relativ dauerhafte und zertifizierte Wissens-, Fähigkeits- und Arbeitskraftmuster" (Helsper, 2021, 53), allerdings sind sie heute sehr ausdifferenziert und unterscheiden sich deutlich hinsichtlich Länge und Qualität von Ausbildung und Qualifizierung. Auch kann nicht mehr wie früher von Dauer, Kontinuität und Stabilität des Berufs ausgegangen werden. Arbeitsverhältnisse sind flexibler geworden und Qualifizierung wird über die Ausbildung hinaus für das gesamte Berufsleben gefordert.

Zu der Frage, was ein Beruf bzw. eine *Profession* ist, gibt es in der Wissenschaft heute keine eindeutige Position. Vielmehr existieren eine ganze Reihe professionstheoretischer Ansätze, von denen hier der sog. *Merkmalsansatz* mit Bezug auf das schreibpädagogische Berufsfeld vorgestellt werden soll, um den

Grad der Professionalisierung beurteilen zu können. Der Ansatz wurde ausgewählt, weil er die Fachdiskussion dominiert. Die professionstheoretischen Anschauungen zum Merkmalsansatz folgen hier der Darstellung bei Helsper (2021, 60 f.):

- Typisch für einen Beruf ist eine lang andauernde, spezialisierte Ausbildung auf Hochschulniveau mit akademischen Abschlusszertifikaten[2]. Dies kann die Schreibpädagogik nachweisen, wie weiter unten mit Blick auf bestehende Ausbildungsangebote gezeigt wird.
- Mit der Ausbildung soll sich ein spezialisiertes, wissenschaftliches und exklusives Sonderwissen verbinden. Dies kann mit Blick auf die Curricula der Studiengänge, die schreibpädagogische Tätigkeiten vorbereiten, nur bedingt als erfüllt angesehen werden. Das Wissen ist in Teilen aus anderen Disziplinen wie Germanistik, Linguistik oder auch Psychologie entlehnt. Und ob die spezifischen didaktischen Methoden originär sind und einen „Sonderstatus" rechtfertigen, müsste einer Prüfung unterzogen werden, die an dieser Stelle nicht stattfinden kann.
- Der Status einer Profession beansprucht auch eine monopolartige Zuständigkeit für wichtige gesellschaftliche Aufgaben und Anliegen. Dies ist für die schreibpädagogische Praxis wohl kaum überzeugend nachweisbar, wenn man sie mit anderen Professionen, wie z. B. der von Medizinerinnen, Juristinnen oder Lehrerinnen, vergleicht.
- Weiter wird von einer Profession erwartet, dass sie zentralen gesellschaftlichen Werten mit einer besonderen Verantwortung gegenüber ihren Klientinnen und einer Kollektivorientierung folgt. Für die schreibpädagogische Praxis kann dies durchaus bejaht werden. Denn Schreibpädagogik kann die berufliche, fachliche und persönliche Entwicklung ihrer Klientinnen unterstützen, was als ein wichtiger Wert in unserer Gesellschaft gelten kann.
- Als typisches Merkmal einer Profession gilt auch, dass sie eine hohe gesellschaftliche Wertschätzung erfährt sowie ein hohes Berufsprestige aufweist. Dies muss für die schreibpädagogische Praxis wohl (noch) bezweifelt werden. Zumindest gibt es noch keine Studien, die dies wissenschaftlich untersucht haben.
- Typisch für eine Profession ist darüber hinaus noch die Organisation der Berufsinhaberinnen in einem selbst verwalteten Berufsverband, der sich für die Belange der Mitglieder einsetzt, Ausbildungs- und Qualitätsstandards für die Praxis definiert, die Fähigkeiten von Berufsanwärterinnen überprüft, eine

---

[2] Helsper (2021) betrachtet keine Ausbildungsberufe wie z.B. das Handwerk.

Berufsethik definiert und diese ohne Kontrolle von außen überprüft. Diese Bedingungen sind für die schreibpädagogische Praxis in Deutschland noch nicht realisiert. Allerdings gibt es Bemühungen in diese Richtung, wie weiter unten aufgezeigt wird.

Die Schreibpädagogin Alers (2018, 10) spricht von einer *Professionalisierung der schreibpädagogischen „Szene"* und verweist auf vier Jahrzehnte schreibpädagogische Praxis, in der sich der „Berufsstand von haupt- und nebenberuflich arbeitenden SchreibpädagogInnen und/oder SchreibprozessbegleiterInnen etabliert" hat. Sie räumt aber ein, dass vielerorts Schreibgruppen von Menschen geleitet werden, die kein schreibpädagogisches Studium und keine entsprechende Weiterbildung absolviert haben, vielmehr „AutodidaktikerInnen mit akademischem Hintergrund aus verwandten Disziplinen" sind.

Das für die Professionalisierung wichtige Merkmal der Ausbildung (siehe oben) soll nachfolgend für das schreibpädagogische Berufsfeld genauer betrachtet werden. Neben relevanten Vorbildungen in diversen Studiengängen, wie z. B. Germanistik, Literatur, Pädagogik oder Psychologie, kann auf verschiedene spezifische *Ausbildungs- bzw. Studiengänge* für Schreibpädagoginnen verwiesen werden: Die private SRH Hochschule Berlin bietet einen 7-semestrigen Bachelor „Kreatives Schreiben und Texten"[3] an. Schon seit 2006 gibt es an der Alice Salomon Hochschule (ASH) Berlin den 5-semestrigen weiterbildenden Masterstudiengang „Biografisches und Kreatives Schreiben", der zu einem „Master of Arts (M.A.)" führt und schreibpädagogische und -didaktische Fähigkeiten sowie biografische, kreative und wissenschaftliche (Schreib-)Methoden[4] vermittelt. An der Universität Hildesheim kann im Bachelor „Kreatives Schreiben und Kulturjournalismus" studiert werden und im Master „Literarisches Schreiben und Lektorieren" (Master of Arts, M.A.).[5] Das Deutsche Literaturinstitut in Leipzig bietet zudem als Bachelor und Master das Studium des Literarischen Schreibens

---

[3] Siehe https://www.srh-berlin.de/bachelor/studium-kreatives-schreiben-berlin, zugegriffen 8.11.2021.

[4] Siehe https://www.ash-berlin.eu/studium/studiengaenge/master-biografisches-und-kreatives-schreiben/profil, zugegriffen 8.11.2021.

[5] Siehe https://www.uni-hildesheim.de/fb2/studium/kultur-studiengaenge/bachelorstudiengaenge/ba-kreatives-schreiben-und-kulturjournalismus und https://www.uni-hildesheim.de/studium/studienangebot/master-studium/literarisches-schreiben-und-lektorieren-master-of-arts-ma, zugegriffen 8.11.20221.

an[6]. Mit diesen Studiengängen können Studierende sich recht gezielt auf das schreibpädagogische Arbeitsfeld vorbereiten.

Zur Schreibberatung an Hochschulen ist außerdem eine Ausbildung für studentische Schreibberaterinnen zu nennen. Diese Tutorinnenausbildung an Schreibzentren gibt es bereits seit 2001 (Keiderling, 2021, 7, 30 f.). Die PH Freiburg vergibt das Hochschulzertifikat Schreibberatung und Literacy Management. Die Zertifikatsausbildung wird über die Akademie für wissenschaftliche Weiterbildung in Freiburg angeboten und ist Grundlage für die Schreibberatung auch an anderen Hochschulen[7]. Ein Universitätszertifikat „Schreibberatung und Schreibtraining" bietet ebenfalls die Technische Universität Darmstadt[8] an und seit Ende 2021 auch das Schreibzentrum des Studierendenwerks Berlin[9]. In der Schreibberatungsszene hat sich zur fachlichen Qualifizierung eine jährliche „Schreib-Peer-Tutor*innen-Konferenz" (SPTK) etabliert. Die Interessenvertretung der Peer-Tutorinnen hat sich unter dem Dach der gefsus, Gesellschaft für Schreibdidaktik und Schreibforschung e. V., eingerichtet[10]. Das Rahmenkonzept für die Ausbildung von Peer-Schreibtutorinnen sieht „Methoden/Strategien/Techniken [vor], um das eigene Beratungshandeln zu reflektieren" (gefsus, 2016, 5). Auch Feedback und Supervision zu Videoaufzeichnungen von Beratungen sind in der Ausbildung vorgesehen.

Da die Curricula der o. g. Studiengänge Reflexion beruflichen Handelns nicht in Form von Intervision oder Supervision als Modul vorsehen, lohnt sich ein Blick in die Landschaft der berufsständischen Organisationen, die Qualifizierung und Professionalisierung im schreibpädagogischen Berufsfeld unterstützen. Nachfolgend werden daher einschlägige *Wissenschaftliche und (Fach-)Gesellschaften, Zeitschriften, Tagungen und Konferenzen* aufgeführt und mit Blick auf Supervision und Intervision betrachtet. Als wichtige „Netzwerkgröße" der deutschsprachigen Fach-Community des Biografischen und Kreativen Schreibens kann der 1982 gegründete und seit 1987 als Verein etablierte *Segeberger Kreis – Gesellschaft für Kreatives Schreiben e. V.* verstanden werden[11]. Dort treffen sich Schreiblehrerinnen aus Hochschule, Schule und Erwachsenenbildung, aber auch Autorinnen,

---

[6] Siehe https://www.deutsches-literaturinstitut.de/studium-und-lehre.html, zugegriffen 8.11.2021.

[7] Siehe https://akademie.wi-ph.de/schreibberatung.html, zugegriffen 8.11.2021.

[8] Siehe https://www.owl.tu-darmstadt.de/angebote_vor_ort/weiterbildung_schreibcenter/index.de.jsp, zugegriffen 9.11.2021.

[9] Siehe https://www.stw.berlin/beratung/themen/schreibtutorinnenausbildung-ab-okt-2021.html, zugegriffen 9.11.2021.

[10] Siehe https://gefsus.de/sigs.html, zugegriffen 9.11.2021.

[11] Siehe https://segeberger-kreis.de, zugegriffen 9.11.2021.

die nicht nur publizieren, sondern auch Kreatives, Literarisches und/oder Journalistisches Schreiben lehren. Der Verein veranstaltet Tagungen, auf denen das Schreiben in Gruppen praktiziert wird. Die *Segeberger Briefe,* die zweimal jährlich erscheinen, planen und dokumentieren die Tagungen der Gesellschaft und das dort praktizierte Kreative Schreiben. Daneben werden Essays zur Theorie des Kreativen Schreibens in dem Medium publiziert. In der Zeitschrift finden sich darüber hinaus Informationen zu Veranstaltungen, Publikationen und spezifischen Netzwerkaktivitäten.

Die *Gefsus – Gesellschaft für Schreibdidaktik und Schreibforschung e. V.* ist ein Zusammenschluss von „Personen, die in Hochschulen, Schulen oder in freier Praxis insbesondere im Bereich des wissenschaftlichen Schreibens lehren, beraten, vermitteln und forschen", den schreibdidaktischen Nachwuchs fördern und dafür Konzepte entwickeln[12]. Die Organisation bietet Weiterbildungen an und organisiert Tagungen. Für die Professionalisierung des Berufsstandes dürften auch die Öffentlichkeitsarbeit sowie die bildungspolitische Arbeit relevant sein. Das Anliegen des 2013 gegründeten Zusammenschlusses geht über die akademische Welt hinaus, denn: „Insbesondere freiberufliche Schreibberater*innen können das schreibdidaktische Fachwissen aus der Hochschule in die Berufswelt tragen und dort etablieren." (gefsus, 2021 o. S., siehe auch gefsus, 2018) Seit gut zehn Jahren gibt es das Journal „*JoSch – Journal der Schreibwissenschaft"* mit Beiträgen zur Schreibdidaktik und -forschung zum Schwerpunkt der Schreibberatung und Schreibzentrumsarbeit an Hochschulen[13]. Das Onlinemagazin ist durch einen Open-Access-Ansatz auch außerhalb der Community-Grenzen rezipierbar.

Außeruniversitär bietet auch das Institut für Kreatives Schreiben e. V. in Berlin eine schreibpädagogische Fortbildung, in der Inhalte, Methoden und Techniken des Kreativen Schreibens vermittelt werden und die zur Leitung von Schreibwerkstätten befähigen soll[14]. Schreibpädagoginnen sind auch an Volkshochschulen tätig. Vereinzelt wird für diese Tätigkeit Weiterbildung angeboten (siehe z. B. der Volkshochschulbund Baden-Württemberg[15]). Nur ein einziger Anbieter von Weiterbildungen im Biografischen und Kreativen Schreiben bietet auch berufliche Reflexion in Form von Supervision an. Dabei handelt es sich um die Europäische Akademie für biopsychosoziale Gesundheit, Naturtherapien und Kreativitätsförderung (EAG) in Hückeswagen. Hier wird Kreatives Schreiben als Form der

---

[12] Siehe https://gefsus.de, zugegriffen 9.11.2021.

[13] Siehe https://www.wbv.de/josch.html, zugegriffen 9.11.2021.

[14] Siehe   https://www.iks-schreibinstitut.de/infos/Flyer_C2_Kurs_Berlin_2020-neu.pdf, zugegriffen 9.11.2021.

[15] Siehe https://www.vhs-bw.de/fortbildung/kurse/sprachen.html, zugegriffen 9.11.2021.

integrativen Psychotherapie vermittelt, und damit liegt diese Weiterbildung außerhalb des schreib*pädagogischen* Felds. Es wird sowohl ein Zertifikatskurs für „Kollegiale Beratung" angeboten als auch eine „Weiterbildung Supervision und Organisationsentwicklung im Integrativen Verfahren", diese sind allerdings nicht gekoppelt mit der Schreibtherapieausbildung[16].

Seit 2020 gibt es aus dem Wiener Verlag punktgenau das Medium „Schreib-Räume – Magazin für Journal Writing, Tagebuch und Memoir"[17], das zweimal im Jahr erscheint und eine relativ neue Netzwerk-Möglichkeit der deutschsprachigen Szene des Biografischen und Kreativen Schreibens darstellt. Kaum zwei Jahre nach Gründung des Magazins initiierten die Begründerinnen bereits im November 2021 den 1. Online-Kongress für Personal Writing der „Personal Writing Community". Anlässlich dieses Events wurde die Gründung des Vereins gleichen Namens vorgestellt, in dem sich ab 1.1.2022 am Biografischen und Kreativen Schreiben Interessierte austauschen können. Das Angebot umfasst auch Fortbildungen zum Journal Writing Coaching, zur Poesietherapie und zum Schreibtraining. Die Neugründung zeigt, dass es noch keine Sättigung im Community-Building in der Szene Biografischen und Kreativen Schreibens gibt.

Insgesamt zeigt sich die Fach-Community im Berufsfeld Schreibpädagogik durchaus gut organisiert und professionalisiert. Sie bietet zahlreiche Qualifizierungschancen, allerdings hat die Recherche für das vorliegende Buch gezeigt, dass bislang berufliche Reflexion nur sporadisch Thema in der Fachdiskussion ist und keine institutionalisierten Angebote zur Intervision und/oder Supervision bestehen.

Auch der seit 2004 bestehende „Berufsverband Österreichischer SchreibpädagogInnen" (BOeS bzw. BÖS), der neben Netzwerkaktivitäten auch die Ausbildung „Schreibpädagogik" anbietet, hat für die Reflexion im Berufsfeld kein Angebot etabliert. Für die DACH-Region kann Schreibpädagogik beschrieben werden als eine lebendige Community, in der bislang Berufsfeldstudien mit Strukturdaten und Beschäftigtenprofilen noch fehlen. Der Berufsstand ist quasi noch nicht vermessen. Auch über die Anzahl der angestellt und freiberuflich Tätigen in der schreibpädagogischen Praxis gibt es noch keine empirisch belegten Angaben. Es kann davon ausgegangen werden, dass mit zunehmenden Zahlen von Absolventinnen der einschlägigen Ausbildungsgänge die Frage nach (mehr) Qualifizierung im Wettbewerb steigen wird. Im Berufsfeld selbst werden solche Forderungen nach Qualifizierung und entsprechenden Nachweisen bereits erhoben (vgl. hierzu z. B. Fröchling, 2018, 237).

---

[16] Siehe https://www.eag-fpi.com/ueber-unsere-akademie, zugegriffen 9.11.2021.
[17] Siehe https://schreibraeume-magazin.at, zugegriffen 9.11.2021.

Fazit und Schlussfolgerung: Für die schreibpädagogische Praxis kann von einer sog. „kollektiven Professionalisierung" (Helsper, 2021, 57) ausgegangen werden, die durch die o. g. Studiengänge belegt ist sowie auch durch die Etablierung berufsbegleitender Weiterbildungsmöglichkeiten als Bestandteil professioneller Praxis. Was aber zur kollektiven Professionalisierung in einem pädagogischen Berufsfeld nach Helsper (2021, 57, 105) noch fehlt, ist die „Sicherung von kollegialen Beratungs- sowie Supervisions- und Reflexionsangeboten". Solche Angebote könnten Potenziale für die Qualitätssicherung im Berufsfeld erschließen, wenn man dem professionstheoretischen Merkmalsansatz folgt, der Gegenstand dieses Kapitels war. Auf diesen Erkenntnissen und Annahmen aufbauend, wird im nächsten Abschnitt auf Reflexion und ihre Relevanz für die Schreibpädagogik näher eingegangen.

2.4 Reflexion in der schreibpädagogischen Praxis

Die Annahmen zur *Professionalität* pädagogischen Handelns, die Helsper (2021, 56) vorstellt, bedingen eine *Bereitschaft zur Reflexion und Routinen zu ihrer Durchführung*. Professionelles Handeln kann sich nach seiner Anschauung „immer erst im konkreten interaktiven Vollzug des Handels in den Professionellen-KlientInnen-Beziehungen erweisen und ergeben. (…) Weil professionelles Handeln eben nicht auf Schema-F-Mustern und kausalen Rezepten beruht, sondern als komplexes, soziales, sinn-strukturiertes, interaktives Geschehen störanfällig, situativ und fallspezifisch gelagert und damit fragil ist, bleibt es für Scheitern und Fehler anfällig." Damit verbunden ist die Vorstellung, dass „sich professionelles Handeln im reflexiven Umgang und in der (selbstkritischen) kollegialen Auseinandersetzung mit diesen Fehlerquellen und Fehlerpotenzialen" (Helsper, 2021, 56) zeigt. Alers (2020, 107) weist darauf hin, dass „(…) PädagogInnen immer auch ihre eigenen Arbeitsinstrumente [sind S.F-K.,] dass Person und Rolle nicht zu trennen sind. Prozesse zur Qualitätssteigerung erfordern daher persönliche (Entwicklungs-)Prozesse. Und diese sind ohne das reflektierende Nachdenken über das ´Was war, was ist, was soll sein? nicht denkbar." Im Sinne von Wyss (zitiert nach Alers, 2020, 107) denken wir im Reflexionsprozess gezielt nach über Verhalten und Ereignisse im beruflichen Alltag. Reflexion hilft, diese Inhalte unseres Berufserlebens „systematisch und kriterienorientiert" zu erkunden und zu klären. Auf diese Weise ist gezielte und begründete Weiterentwicklung möglich.

Behrendt und Kreitz (2021) nutzen in der Bestimmung dieses Prozesses sprachwissenschaftliche Erkenntnisse über die Herkunft des Reflexionsprozesses: „*Reflexion* verweist im sprachwissenschaftlichen Sinne auf das Subjekt im Satz, es bezeichnet etwas, was sich auf das Subjekt zurückbezieht. Bildungssprachlich richtet sich reflexiv auf die Reflexion, die als das Nachdenken über etwas oder die kritische Betrachtung von etwas, was das Subjekt betrifft, definiert werden kann." (Behrendt & Kreitz, 2021, 11, Hervorhebung im Original) Die Autorinnen verweisen explizit auf den Wert des autobiografischen Schreibens für diesen Prozess und die Vielfalt der dafür infrage kommenden Schreibmethoden. Auch sie teilen die Auffassung, dass Reflexion und Professionalität zusammenhängen: „Der Selbstreflexion kommt in Bildungskontexten der Stellenwert eines Qualifikationsmerkmals professionalen Handelns zu." (Behrendt & Kreitz, 2021, 12) Dem Reflektieren des eigenen Schreibens kommt dabei eine besondere Rolle zu, um wirkungsvoll Angebote in der Schreibberatung zu gestalten. Auch Fröchling (2018, 253) fordert für die professionelle schreibpädagogische Begleitung grundsätzlich Reflexion: „Ein Zeichen der Professionalität eines Schreibcoachs ist, dass er bereit dazu ist, sich immer wieder weiterzuentwickeln und seine Arbeit grundlegend zu reflektieren."

In der Schreibpädagogik ist der Begriff Reflexion eng mit dem Namen des Schreibforschers Gerd Bräuer verbunden (Bräuer, 2000). Er sieht das Schreiben als Unterstützung für die Reflexion an, was mit der „epistemischen Funktion des Schreibens" bzw. dem Prozess des „schreibenden Lernens" verbunden ist (Bräuer, 1998). Er plädiert in seinen Arbeiten für die „reflexive Praxis, verstanden als die Fähigkeit, aktuelles Handeln im Kontext von Handlungserfahrung und potenzieller Handlungsentwicklung abzubilden und zu steuern" (Bräuer, 2016, 19). Als *Motiv für Reflexion* in der Berufspraxis wird das Streben nach Professionalität genannt. Die oben angesprochene Betrachtung von Fehlern als Reflexionsfokus sollte aber ergänzt werden um eine Reflexion des Rollenhandelns überhaupt. Hat man dieses Handeln im Blick, kann die Perspektive in der Reflexion sich auch öffnen für Potenziale, die insbesondere im kollegialen Austausch eröffnet werden können und das Handlungsspektrum bereichern könnten. Auch kann eine Selbststärkung als Motiv für Reflexion gelten.

Wer andere Menschen pädagogisch begleitet, berät oder coacht, braucht Selbsterfahrung und *Reflexion als Ressource* für erfolgreiches berufliches Handeln. Es kann für das schreibpädagogische Handeln wertvoll sein, sich mit eigenen Schreibstilen, -herausforderungen oder -problemen auseinanderzusetzen oder sich zumindest bewusst zu machen, dass auch das eigene Schreiben nicht immer ungestört verläuft. Ohne dies dürfte einfühlendes Verstehen im Umgang mit Klientinnen schwer herstellbar sein. Auch die Auseinandersetzung mit eigenen

Stärken und Problemlösungsstrategien kann für die schreibpädagogische Arbeit hilfreich sein. Nach Fröhling (2018, 251 f.) ist es für den Erfolg schreibpädagogischen Handelns relevant, seine eigene Rolle im Beratungsprozess zu kennen und auf deren Angemessenheit zu achten, d.h. sich auch damit auseinanderzusetzen, dass es um „Hilfe zur Selbsthilfe" geht und somit Ressourcen der Klientinnen zu fördern sind und keine Abhängigkeiten von „Helferinnen" entstehen sollten. Daher sind auch *Werte und Menschenbild* in der pädagogischen Begleitung wichtige Reflexionsgegenstände.

Über die *Methoden der Reflexion,* die Reflexion unterstützende Strukturen, Prozesse und Vorgehensweisen, wurde bislang nichts gesagt. Für Menschen, die schreibpädagogisch tätig sind, wird immer wieder auf die Kraft des Schreibens selbst verwiesen, wie weiter unten noch gezeigt werden wird, wenn es um die Planung des Werkstattkonzeptes geht. Hier sollen zunächst einmal zwei mögliche Wege zur Unterstützung des Reflexionsprozesses über das eigene berufliche Handeln genannt werden, um eines der Konzepte für das weitere Vorgehen dann differenzierter zu untersuchen. Alers (2020, 105, 111 f.) hat ein Reflexionskonzept für pädagogische Handlungsfelder entwickelt, das individuelle Reflexion über ein Arbeitsjournal in einen Teamrahmen integriert. Sie kommt im Kontext ihrer konzeptionellen Überlegungen zu einer ganzen Reihe von Potenzialen der Reflexion für die Berufspraxis, die summarisch in Tab. 2.1 wiedergegeben sind. In ihrem Konzept vereint sie die freie, selbstgesteuerte Reflexion mit der strukturierten, nach Zielen gelenkten Reflexion.

Als eine weitere Möglichkeit der Reflexion im Sinne einer beruflichen Weiterentwicklung und eines Instruments der Qualitätssicherung in der schreibpädagogischen Praxis nennt Fröhling (2018, 253) die *Supervision.* Sie soll Arbeitsprozesse unterstützen und verbessern. Im Fokus der Supervision stehen ihrer Meinung nach die Schnittstellen zwischen Bedingungen und Themen der schreibpädagogischen Arbeit, den organisationalen Zusammenhängen ihrer Durchführung sowie den individuellen Kommunikations- und Verhaltensmustern. Den Wert von Supervision beschreibt Fröhling (2018, 255) wie folgt: „In der Supervision kann ein Schreibcoach herausfinden, was er in Bezug auf seine Arbeit verändern und verbessern möchte. Er kann die Qualität seiner Arbeit (…) sicherstellen und steigern." Schreibcoaching kann als eine Variante schreibpädagogischen Handelns begriffen werden, wie weiter oben gezeigt wurde. Daher werden die differenzierten Leistungsversprechen, die Fröhling der Supervision zuordnet, in Tab. 2.1 der Schreibpädagogik allgemein zugeschrieben.

Aus den Inhalten der Tab. 2.1 (rechte Spalte) können Cluster gebildet werden, die als *Themenfelder für die Reflexion* die geplante Schreibwerkstatt strukturieren:

Tab. 2.1 Methoden und Leistungsversprechen von Reflexion für die schreibpädagogische Praxis

Methodischer Ansatz	Leistungsversprechen
Arbeitsjournal/	• Ideenspeicherung
Arbeitstagebuch	• Qualitätsentwicklung
(Alers, 2020, 105 ff.)	• Vertieftes Klären, Verstehen, Lernen
	• Abbau von Routinen
	• Unterstützung von Veränderungen im Handeln
	• Geschehen im Berufsalltag erkunden und systematisch klären
	• Basis für begründete Weiterentwicklung schaffen
Supervision	• Entlastung schaffen
(Fröchling, 2018, 254)	• Veränderungen wahrscheinlicher machen
	• Fähigkeiten und Kompetenzen stärken
	• Rollen und Aufgaben klären
	• Konflikte verstehen und lösen
	• Entscheidungen unterstützen
	• Wahrnehmungen/Bewertungen untersuchen und verändern
	• Neues Verhalten ausprobieren
	• Schwierige Prozesse begleiten
	• Klientinnen-Begegnungen vorbereiten
	• Ambivalenzen gegenüber Klientinnen aufdecken und integrieren
	• Beziehungsdynamiken zwischen Klientinnen und der eigenen Person bewusst machen und in positive Wandlungen bringen
	• Selbstbild des beruflich Handelnden reflektieren, korrigieren

a) Die eigene *Berufsrolle* explorieren und reflektieren.
b) Die *Beziehungen zu Klientinnen* in Dynamik und Konfliktpotenzial reflektieren.
c) *Belastungen* in der Berufsrolle erkennen und Entlastungsideen entwickeln.
d) *Veränderungswünsche* explorieren und Innovationen vorbereiten.

Diese Themenfelder können als Schwerpunkte verstanden werden, denen sich jeweils eine Werkstattsitzung widmen könnte. Je nach eingebrachten speziellen Anliegen könnten sich diese Felder eventuell auch überschneiden, was aus den einzelnen Leistungsversprechen in der rechten Spalte der Tab. 2.1 abgeleitet werden kann. Für die Anliegen der Reflexion beruflichen Handelns muss das nicht hinderlich sein, sondern birgt die Chance, Zusammenhänge zu verdeutlichen, die ohne Reflexion gar nicht wahrgenommen würden.

Fazit und Schlussfolgerung: Es kann geschlossen werden, dass die Reflexion von implizitem Handlungswissen für professionelles pädagogisches Handeln bedeutsam ist. Damit schließt sich das vorliegende Buch der Auffassung von Helster (2021, 138) an: „Denn nur, wenn man zum eigenen praktischen Handeln auch in eine Beobachtungs- und Reflexionsperspektive zu wechseln vermag, lässt sich dieses einer Überprüfung unterziehen und auch auf dieser Grundlage verändern." Das korrespondierende Reflexionswissen kann Handlungsspielräume ausloten und vor Überforderung im Beruf schützen. Dafür braucht es die Entwicklung institutionell vorgesehener Räume, so Helsper (2021, 139, 279 f.). Hierfür soll das Intervisionssetting für die schreibpädagogische Praxis geschaffen werden. Daher wird im nächsten Schritt geklärt, was unter Supervision bzw. Intervision in Abgrenzung zu verwandten Begriffen zu verstehen ist und welche Prozesse und Methoden für die Reflexion in einem Intervisionsprozess genutzt werden können.

Literatur

Alers, K. (2018). *Schreiben wir! Eine Schreibgruppenpädagogik.* Schneider Verlag.

Alers, K. (2020). Warum nicht schreiben? Schreibbasierte reflexive Praxis für Fachkräfte in pädagogischen Berufsfeldern. Ein Konzept. SchreibRÄUME. *Magazin für Journal Writing, Tagebuch & Memoir. Thema – Das Comeback des Tagebuchs. 1/2020,* 104–114.

Behrendt, R., & Kreitz, D. (2021). Autobiografisches Schreiben in Bildungskontexten. In R. Behrendt & D. Kreitz (Hrsg.), *Autobiografisches Schreiben in Bildungskontexten. Konzepte und Methoden. Theorie und Praxis der Schreibwissenschaft* (Bd. 10, S. 10–18). Wbv Media.

Bräuer, G. (1998). *Schreibend lernen. Grundlagen einer theoretischen und praktischen Schreibpädagogik.* Studienverlag.

Bräuer, G. (2000). *Schreiben als reflexive Praxis. Tagebuch, Arbeitsjournal, Portfolio.* Fillibach Verlag.

Bräuer, G. (2014). Grundprinzipien der Schreibberatung. In S. Dreyfürst & N. Sennewald (Hrsg.), *Schreiben. Grundlagentexte zur Theorie, Didaktik und Beratung* (S. 257–282). Verlag Barbara Budrich.

Bräuer, G. (2016). *Das Portfolio als Reflexionsmedium für Lehrende und Studierende.* Verlag Barbara Budrich.

Fischer, L., & Wiswede, G. (2009). *Grundlagen der Sozialpsychologie* (3., völlig neu bearbeitete Aufl.). Oldenbourg Verlag.

Fröchling, A. (2002). *Schreibcoaching: Ein innovatives Beratungskonzept.* Shaker Verlag.

Fröchling, A. (2018). *Professionelles Schreibcoaching. Konzept, Methoden. Praxis:* Beck Verlag.

Gefsus – Gesellschaft für Schreibdidaktik und Schreibforschung e. V. (2016). Rahmenkonzept für Ausbildungen von Peer-Schreibtutor*innen. SIG „Qualitätsstandards und Inhalte der Peer-Schreibtutor*innen-Ausbildung. https://gefsus.de/images/Downloads/Rahmen konzepPeerSchreibtutor_innenausbildg.pdf. Zugegriffen: 9. Nov. 2021.

Gefsus – Gesellschaft für Schreibdidaktik und Schreibforschung e. V. (2018). Positionspapier Schreibkompetenz im Studium. https://gefsus.de/images/Downloads/gefsus_2018_p ositionspapier.pdf. Zugegriffen: 30. Okt. 2021.

Gefsus – Gesellschaft für Schreibdidaktik und Schreibforschung e. V. (2021). Selbstdarstellung. Gefsus.de. https://gefsus.de/. Zugegriffen: 30. Okt. 2021.

Geuen, V., & Henning, U. (2021). Schreibcoaching als Begleitinstrument im Promotionsprozess – Konzeptualisierungen eines komplexen Interventionsformats. CTP Coaching Theorie & Praxis. April 2021. https://link.springer.com/article/https://doi.org/10.1365/ s40896-021-00051-7. Zugegriffen: 30. Okt. 2021.

Grieshammer, E., Liebetanz, F., Peters, N., & Zegenhagen, J. (2012). *Zukunftsmodell Schreibberatung. Eine Anleitung zur Begleitung von Schreibenden im Studium.* Schneider Verlag Hohengehren.

Haußmann, R. (2017). *Kreatives Schreiben zur Entwicklung von Ressourcen in Beratung und Coaching.* Vandenhoeck & Ruprecht.

Heimes, S. (2015). *Schreib es dir von der Seele. Kreatives Schreiben leicht gemacht.* Vandenhoeck & Ruprecht.

Helsper, W. (2021). *Professionalität und Professionalisierung pädagogischen Handelns: Eine Einführung.* Verlag Barbara Budrich/UTB.

Keiderling, C. (2021). *Lehrbrief Wahlpflichtmodul: Schreibberatung im Akademischen Kontext. Post-gradualer Masterstudiengang Biografisches und Kreatives Schreiben.* ASH Berlin – Alice Salomon Hochschule Berlin. (Unveröffentlichtes Manuskript)

Klemm, M. (2004). Schreibberatung und Schreibtraining. In K. Knapp, G. Antos, M. Becker-Mrotzeck, A. Deppermann, S. Göpferich, J. Grabowski, M. Klemm, & C. Villinger (Hrsg.), *Angewandte Linguistik. Ein Lehrbuch* (S. 120–142). A. Francke.

Klemm, M. (2011). Schreibberatung und Schreibtraining. In K. Knapp, G. Antos, & M. Becker-Mrotzeck (Hrsg.), *Angewandte Linguistik. Ein Lehrbuch* (3. Aufl., S. 126–148). A Francke Verlag.

Kühl, W., & Schäfer, E. (2020). *Intervision. Grundlagen und Perspektiven.* Springer Fachmedien.

Kurtz, T. (2001). Die Form Beruf im Kontext gesellschaftlicher Differenzierung. In T. Kurtz (Hrsg.), *Aspekte des Berufs in der Moderne* (S. 170–209). Leske und Budrich.

Lahm, S. (2016). *Schreiben in der Lehre. Handwerkszeug für Lehrende.* Verlag Barbara Budrich/UTB.

Lippmann, E. (2013). *Intervision. Kollegiales Coaching professionell gestalten* (3. überarbeitete Auflage). Springer.

Loebbert, M. (2016). *Wie Supervision gelingt. Supervision als Coaching für helfende Berufe.* Springer Fachmedien.

Luhmannn, N. (2000). *Vertrauen. Ein Mechanismus der Reduktion sozialer Komplexität* (4. Aufl.). Lucius & Lucius Verlagsgesellschaft/UTB.

Mischon, C. (2019). *Lehrbrief Modul 01: Kreatives Schreiben – Methoden, Techniken, Szenarien. Lehrbrief im Masterstudiengang Biografisches und Kreatives Schreiben WS 2019/20,* Alice Salomon Hochschule Berlin, unveröffentlichtes Manuskript.

Nerdinger, F. W. (2011). *Psychologie der Dienstleistung.* Hogrefe.

Peters, N., & Zegenhagen, J. (2021). Autobiografisches Schreiben für mehr Selbstfürsorge im Beruf. In R. Behrendt & D. Kreitz (Hrsg.), *Autobiografisches Schreiben in Bildungskontexten. Konzepte und Methoden. Theorie und Praxis der Schreibwissenschaft* (Bd. 10, S. 201–216). Wbv Media.

Rastetter, D. (2008). *Zum Lächeln verpflichtet. Emotionsarbeit im Dienstleistungsbereich.* Campus.

Scheuermann, U. (2008). Psychologische Interventionen beim Schreibcoaching. In E.-M. Jakobs & K. Lehnen (Hrsg.), *Berufliches Schreiben. Ausbildung, Training, Coaching. Reihe Textproduktion und Medium* (Bd. 9, S. 179–195). Peter Lang Verlag.

Scheuermann, U. (2009). *Wer reden kann, macht Eindruck, wer Schreiben kann, macht Karriere. Das Schreibfitnessprogramm für mehr Erfolg im Job.* Linde International.

Schlee, J. (2019). *Kollegiale Beratung und Supervision für pädagogische Berufe. Hilfe zur Selbsthilfe. Ein Arbeitsbuch* (4. erweiterte Auflage). Kohlhammer.

Seidl, T. (2013). Konzeptionelle Überlegungen zum ´Schreibenden Coaching´ an der Hochschule. *Jo-Sch Journal der Schreibberatung, Ausgabe, 06,* 9–22.

Tietze, K.-O. (2020). *Kollegiale Beratung. Problemlösungen gemeinsam entwickeln* (10. Aufl.). Rowohlt Taschenbuch.

Weber, M. (1985). *Wirtschaft und Gesellschaft* (5. revidierte Auflage). Mohr.

Werder von, L. (2017). *Das Wörterbuch des kreativen Schreibens. Begriffe, Textsorten, Übungen, Schreibspiele, Schreibtheorien, Schreibpädagogik,* Band II. P-Z. Schribi-Verlag.

Werder, von L., Schulte-Steinecke, B., & Schulte, B. (2001). *Weg mit Schreibstörung und Lesestress. Zur Praxis und Psychologie des Schreib- und Lesecoaching,* (S. 57–77). Schneider Verlag.

Intervision

Susanne Femers-Koch

3.1 Supervision und Intervision

Für die Begriffe Supervision und Intervision sowie die damit verwandten Begriffe Beratung und Coaching existieren keine einheitlichen Begriffsbestimmungen. Das für den Rahmen dieses Buches wesentliche Konzept der *Intervision als Form Kollegialer Beratung* soll im Folgenden aus der Abgrenzung verwandter Begriffe entwickelt und dann für die vorliegende Untersuchung näher skizziert werden.

Im Sinne von Loebbert (2016, 1 f.) kann *Supervision* als besondere Form des Coachings verstanden werden, als „persönliche Prozessberatung (…), welche ihre Klienten dabei unterstützt, ihren Leistungsprozess selbst zu steuern und zu verbessern"; ihr Ziel ist, kurz gesagt, die „gelingende Handlungssteuerung für Hilfeleistungen". Das Beispiel dieser Definition zeigt das Problem auf, das in einer Begriffsbestimmung gleich drei Konzepte – Coaching, Supervision und Beratung – zusammen verwendet werden. Als ein erstes wesentliches Bestimmungsmerkmal von Supervision kann festgehalten werden, dass es sich um einen *Prozess* handelt, in dem die *Steuerung von Leistungsverhalten* verbessert werden soll. Dafür wird den Klientinnen Verantwortung zugesprochen, sie werden unterstützt, nicht angeleitet oder in ihrem spezifischen Verhalten wie bei der Expertenberatung extern bestimmt.

Ein zweites wesentliches Merkmal ist, dass es sich bei dem Leistungsverhalten um *Hilfeleistungen* handelt. Loebbert (2016, 18 f.) versteht Helfen als sozialen, interpersonalen Prozess. Auch Schreibpädagoginnen arbeiten in helfenden Beziehungen – als pädagogische Fachkraft, als Schreiblehrerin, Schreibberaterin, Schreibcoach und/oder Schreibgruppenleiterin – quasi als „Hebammen für Texte aller Art". Supervision wird nach Schmid et al. (2019, 101) „als Praxisreflexion im beruflichen Handlungszusammenhang für soziale Berufe wie Sozialberater, Therapeuten und Psychologen" verstanden, wo ihr Einsatz als obligatorisch gelten

S. Femers-Koch, *Intervision für die schreibpädagogische Praxis*, https://doi.org/10.1007/978-3-658-38865-2_3

kann. Damit ist ein weiteres Merkmal von Supervision benannt: die *Praxisrefle-xion*. Diese wurde weiter oben als wichtiges Qualifizierungsmerkmal auch für die Professionalisierung schreibpädagogischer Praxis herausgearbeitet. Das heißt: Supervision könnte eine relevante Begleitung schreibpädagogischer Praxis sein, die das Hilfeleistungsverhalten von Schreibpädagoginnen, bezogen auf die Opti-mierung von Texten und die Analyse und Verbesserung von Schreibprozessen auf Klientinnen-Seite, zum Gegenstand hat. Ein letztes Bestimmungsmerkmal von Supervision ist, dass diese von einer *dafür ausgebildeten Person* geleitet wird, die den oben skizzierten Prozess begleitet und dafür professionelle Methoden einsetzt (Schreyögg, 2010, 30 ff. sowie Lippmann, 2013, 10 f.). Mit diesem Merkmal hängt auch der sprachliche Ursprung des Supervisionsbegriffs vom lateinischen Terminus „supervidere" zusammen. Es geht um die „Über-Sicht im Sinne des Einnehmens einer distanzierten Außenperspektive unter Beteiligung eines externen Beraters (Supervisors)" (Kühl & Schäfer, 2019, 17).

Der Begriff Supervision findet sich in der Fachliteratur auch in Verbindung mit dem Adjektiv „kollegial". Damit ist dann ein Prozess der Praxisreflexion gemeint, den Berufsrollen-Inhaberinnen ohne eine Leitung gestalten. Als *Syn-onyme* zum *Begriff der kollegialen Supervision* können die Begriffe kollegiales Team-Coaching, kooperative Beratung, (leaderless) Peergroup-Supervision, Kol-legiale (Praxis-)Beratung, Peer Coaching, kollegiales Coaching und Intervision verstanden werden (Schmid et al., 2019, 103; Tietze, 2020, 37). Im vorliegen-den Buch wird der Begriff *Intervision* präferiert, weil er in der Fachliteratur der gebräuchlichste ist. Als Vorläufer der Intervision nennt Lippmann (2013, 13) Selbsterfahrungs- und Selbsthilfegruppen, kollegiale Fallbesprechungen im pädagogischen Feld und Qualitätszirkel aus dem Wirtschaftskontext. Auch Tietze (2020, 36) verweist auf die Ursprünge der Kollegialen Beratung in pädagogischen Berufsfeldern und meint konkret die selbstgesteuerte und strukturierte gegensei-tige Beratung von Lehrern schon in den 1970er-Jahren. Schmid et al. (2019, 107) verweisen auf verwandte Konzepte der Intervision und führen die The-menzentrierte Interaktion von Ruth Cohn sowie die Balintmethode von Michael Balint an. Kühl und Schäfer (2019) sehen die historischen Ursprünge u. a. in den organisierten kollegialen Aussprachen zu berufsfeldbezogenen Problemen, die bereits zur vorletzten Jahrhundertwende in der kollegialen Fallsupervision der „Mittwochsgesellschaften" von Sigmund Freud gepflegt wurden.

Intervision ist eine „wechselseitige, selbst organisierte Supervision zwischen gleichrangigen Kolleginnen und Kollegen, die ohne einen externen Supervisor stattfindet" (Rotering-Steinberg, 2001, 377, 379, zitiert nach Schmid et al., 2019, 103). *Intervision als Kollegiale Beratung* hat sich zunächst als Handlungs- und Praxisreflexion im psychosozialen und pädagogischen Berufsfeld entwickelt, ist aber nach Auffassung von Expertinnen auch auf andere Arbeits- und Lebensbereiche übertragbar. Da in den vorherigen Kapiteln herausgearbeitet wurde, dass Supervision als institutionalisierte Routine der Qualitätssicherung professionellen Handelns in der schreibpädagogischen Praxis nicht existiert, ist auch davon auszugehen, dass es keine hierfür spezialisierten Supervisorinnen gibt. Daher geht die vorliegende Untersuchung davon aus, dass Schreibpädagoginnen als Expertinnen für ihr Berufsfeld nicht auf spezialisierte Supervisionskräfte setzen können, sondern in Form Kollegialer Beratung Routinen für die Praxisreflexion selbst entwickeln und anwenden müssen. Dabei können sie sich aber auf Prozess- und Methodenwissen stützen, das im Bereich Intervisionstheorie und -praxis entwickelt worden ist und für die im Berufsfeld eigenen Zwecke adaptiert werden kann. Um welches Prozess- und Methodenwissen es sich handelt, wird weiter unten herausgearbeitet.

Fazit und Schlussfolgerung: Es kann gesagt werden, dass Supervision und Intervision als begleitete oder kollegiale Formen der Reflexion und Qualitätssicherung von Dienst- oder Hilfeleistungen in unterschiedlichen Berufsfeldern bereits gut etablierte Praxis sind und Potenziale für die schreibpädagogische Praxis bieten. Dem Begriff der Intervision wird für den weiteren Verlauf der Darstellung der Vorzug gegeben, da es für das Berufsfeld Schreibpädagogik noch keine spezialisierten Supervisorinnen gibt und die Praxisreflexion daher auf kollegialer Basis stattfinden muss. Da Supervision und Intervision begrifflich in der Nähe von Beratung und Coaching liegen, sollen zu diesen Begriffen notwendige Abgrenzungen vorgenommen werden, um den Gegenstand der weiteren Betrachtung zu schärfen.

3.2 Coaching und Beratung

Nach Schmid et al. (2019, 100) kann Supervision als eine spezielle, praxisorientierte Beratungsform verstanden werden. Als Unterformen der Beratung gelten in deren Auffassung (Einzel-)Supervision und Coaching. Während der Supervisionsbegriff eher im Non-Profitbereich gebräuchlich ist, wird der Begriff Coaching mehr im Profitbereich angesiedelt (Schmid et al., 2019, 100 f.) bzw. hat sich zumindest früher auf die Führungskräfteentwicklung von Unternehmen bezogen.

Das ist heute anders. Der Begriff *Coaching* wird für alle möglichen Entwicklungsprozesse von Personen beansprucht, ganz unabhängig von Hierarchieebenen und Entwicklungszielen. Coaching ist keine klassische (Expertinnen-)Beratung, die passiv genutzt wird. Coaching ist vielmehr ressourcenorientiert und bezieht die Aktivität derjenigen ausdrücklich ein, die mit einem Anliegen zum Coaching kommen. Diesem Ansatz folgt auch Migges (2018, 30) Verständnis: „Coaching ist eine gleichberechtigte, partnerschaftliche Zusammenarbeit eines Prozessberaters mit einem gesunden Klienten. Der Klient beauftragt den Berater, ihm behilflich zu sein: bei einer Standortbestimmung, der Schärfung von Zielen oder Visionen sowie beim Entwickeln von Problemlösungs- und Umsetzungsstrategien oder bei dem gezielten Ausbau von Kompetenzen oder der verantwortungsvollen Steigerung von Leistungen." Nach Kühl und Schäfer (2019, 7) ist Coaching eine professionelle Beratungsform, die auf Aktivierung von Ressourcen setzt.

Wie diese Begriffsbestimmung eines Experten zeigt, ist Coaching ein viel allgemeinerer Begriff, als es die Begriffe Supervision und Intervision sind. Denn diese beziehen sich ja speziell auf die Praxisreflexion von beruflichem Handeln in einem Berufsfeld, das sich auf Hilfeleistungen verschiedener Art spezialisiert hat. Dennoch hat Schreyögg (2012) in ihrem Standardwerk Coaching in einer Weise definiert, die wiederum Begriffsüberschneidungen mit Intervision und Supervision nachvollziehbar machen. Denn Schreyögg (2012, 10 f.) schreibt: „Coaching dient (…) einerseits als Maßnahme der Personalentwicklung, die sich perfekt auf die Belange des Einzelnen zuschneiden lässt. Daneben dient es als *Dialogform über 'Freud und Leid im Beruf'*, denn hier erhalten alle beruflichen Krisenerscheinungen, aber auch alle Bedürfnisse nach beruflicher Fortentwicklung den ihnen gebührenden Raum." (Hervorhebungen im Original) Allerdings hat die oben bereits vorgenommene Begriffsbestimmung von Supervision und Intervision gezeigt, dass Inhalte, Prozesse und Methoden dieser Prozessbegleitungen weitaus spezifischer sind als es die Bezeichnung Coaching als Maßnahme der Personalentwicklung erwarten lässt. Es handelt sich auch um deutlich mehr als eine reine Dialogform über Freud und Leid im Beruf. Es geht in Supervision und Intervision nämlich um Reflexion und Weiterentwicklung des beruflichen Rollenhandelns im kollegialen Rahmen. Daher wird hier und im Folgenden den Begriffen Supervision und insbesondere Intervision der Vorzug vor dem Begriff Coaching gegeben.

Der Begriff *Beratung* wird bei Schmid et al. (2019, 100 f.) als der breiteste Begriff betrachtet. Als Adressaten professioneller Einzelberatung gelten hier „Leitungs- und Führungskräfte auf verschiedenen Managementebenen sowie (…) Selbständige im Profit- und Non-Profit Bereich". Beratung als Terminus ist nicht ausschließlich für den sozialen, psychologischen oder pädagogischen Bereich gebräuchlich (vgl. McLeod, 2004), sondern kann vielmehr in allen möglichen Leistungszusammenhängen als Experten- oder Prozessberatung verwendet werden. Es gibt Kommunikationsberatung und Finanzberatung, Organisations- und Unternehmensberatung und viele andere Arten von Beratung. Schlee (2019, 27) differenziert zwischen der eher vertikalen, direktiven Expertenberatung, in der sich Beratung durch Fachkompetenz legitimiert, und der mehr horizontalen Beratung, in der sich Beraterinnen mehr als Begleitung oder Klärungshilfe verstehen. Diese stehen nicht über, sondern neben den Klientinnen. Beratung kann als eine „fachkundige Partnerschaft auf Zeit" beschrieben werden, die nach den Prinzipien der Freiwilligkeit des Aufsuchens und der Verschwiegenheit über die anvertrauten Probleme funktioniert (Schubert et al., 2019, 15). In der Verwendung der Begriffe Coaching und Beratung in der Praxis, wie sie z. B. auch Haußmann (2017, 54 f.) skizziert, wird deutlich, dass diese Bezeichnungen einerseits recht unterschiedliche Prozessbegleitungen für Probleme im Arbeits- und/oder Privatleben eines Menschen meinen, andererseits z. B. im systemischen Sprachgebrauch synonym verwendet werden.

In der wissenschaftlichen Debatte um Beratung zeigt sich eine Emanzipation aus dem dominanten therapeutischen Verständnis. Experten gehen vielmehr inzwischen von einem eigenen, wissenschaftlich fundierten und disziplinübergreifenden Denk- und Handlungssystem aus, das sich aus einzelnen Fachdisziplinen gelöst hat. Auf der Handlungsebene der Reflexion des beruflichen Handelns bringt diese Entwicklung allerdings keine weiteren Differenzierungsvorteile (Schubert et al., 2019, V). Insgesamt zeigt sich in der Auseinandersetzung über den Beratungsbegriff innerhalb von Wissenschaft und Praxis, dass der Begriff nicht eindeutig ist, sondern viele, z. T. auch widersprüchliche Verständnisse umfasst (Schlee, 2019, 27). Auch bezogen auf Beratung kann gesagt werden, dass dieser Begriff unter dem Spezifizierungsniveau bleibt, das bereits mit den Begriffen Supervision und Intervision gegeben ist. Daher kann der allgemeine, nicht weiter spezifizierte Begriff der Beratung im Weiteren ebenfalls vernachlässigt werden.

Fazit und Schlussfolgerung: Es ist festzuhalten: Supervision und Intervision können als Prozesse der Praxisreflexion beruflichen Handelns in der psychosozialen und pädagogischen Berufspraxis verstanden werden, deren Zielsetzungen, Prozessmodelle und Methodenrepertoire von Interesse sein können, um Intervision für professionelles Handeln in der schreibpädagogischen Praxis zu planen. Intervision birgt Potenziale für die Entwicklung professionellen Handelns, die im Weiteren theoretisch betrachtet und für die Planung von Kollegialer Beratung für die schreibpädagogische Praxis genutzt werden sollen. Mit diesem Vorhaben folgt das Buch einem Trend, den Intervisionsexperten ausgemacht haben. Danach wächst derzeit der Bedarf an dem „Reflexions- und Beratungsformat Intervision" im Arbeitsleben allgemein, da die Zahl von Berufstätigen mit „Herausforderungen im Hinblick auf anspruchsvolle Kommunikationsbezüge mit ihren Kund*innen (…) bzw. komplexe Rollenanforderungen sowie – konflikte" steigt (Kühl & Schäfer, 2020, 1).

3.3   Intervision als Kollegiale Beratung

Die für die vorliegende Publikation relevante Definition von Intervision versteht diese als „Reflexions- und Beratungsformat" im Sinne einer „Kollegialen Beratung" (Kühl & Schäfer, 2020, 1), für die folgende Merkmale gelten: „Kollegiale Beratung ist eine strukturierte, lösungs- und ressourcenorientierte Lern- und Arbeitsform", durch die Lösungsstrategien für Probleme im Berufsalltag entwickelt werden können (Schmid et al., 2019, 11). In der Intervision trifft sich „eine Gruppe beruflich gleichgestellter Personen, um die berufliche Arbeit zu reflektieren" (Hendriksen & Huizing, 2020, 39). Als *„Markenkern" der Intervision* gilt „eine individuelle, wechselseitige Beratung im beruflichen Kontext. Im Gruppensetting wird unter Moderation jeweils eine konkrete Problemsituation unter einer bestimmten Frage- und Zielsetzung mehrperspektivisch betrachtet. Aufgrund einer hypothesenorientierenden Analyse generiert das zu beratende Mitglied neue Sichtweisen. Daran anknüpfend können Lösungsschritte entwickelt und deren Transfer in die Berufspraxis unterstützt werden." (Kühl & Schäfer, 2020, 7) *Kollegial* bedeutet im Sinne von Tietze (2020, 14), dass wechselseitige Hilfsbereitschaft der Teilnehmenden erwartet wird, die Gruppe aus Personen besteht, die im Berufsalltag Kolleginnen sein könnten, die Umkehrbarkeit der Beratung (durch Rollentausch) gewährleistet wird und alle Gruppenmitglieder prinzipiell gleichberechtigt sind.

Als geeignete Gruppengrößen werden verschiedene Größen zwischen 4 und 10 Personen in der Literatur angegeben. Die Gruppe arbeitet selbstständig nach einer vorgegebenen Struktur und einem geteilten Repertoire von Methoden (Tietze, 2020, 7 ff.). Dieser Ansatz geht davon aus, dass die Berufsrolleninhaberinnen selbst die Kompetenz besitzen, sich gegenseitig Beratung bieten zu können (Tietze, 2020, 26). Als wesentliche Bestimmungsmerkmale für den skizzierten Arbeitsprozess können die Rollen der Teilnehmenden gelten sowie das Prozess-Modell des Ablaufs einer Intervisionssitzung. Für beides gibt es in der mittlerweile sehr umfangreichen Fachliteratur Grundmodelle und Ausbauvarianten. Die nachfolgende Darstellung orientiert sich an den Grundmodellen. Abweichungen davon werden nur aufgegriffen, wenn es für das spezielle Vorhaben der Entwicklung eines Intervisionssettings für die schreibpädagogische Praxis förderlich ist.

Fazit und Schlussfolgerung: Es kann gesagt werden, dass Intervision als Kollegiale Beratung Möglichkeiten eröffnet, um in einem strukturierten Verfahren Anliegen, Themen oder Probleme aus dem Berufsleben aufzugreifen und in Form von sozialer Perspektiven- bzw. Rollenübernahme einer lösungsorientierten, reflektierten Betrachtung zuzuführen. Welche Rollen damit gemeint sind, wird im Folgenden ausgeführt.

3.4   Rollen in der Intervision

In der Kollegialen Beratung nehmen die Teilnehmenden für den Problemlösungsprozess verschiedene Rollen ein, die von Fall- zu Fallbesprechung wechseln. Da alle Teilnehmenden gleichgestellt sind, werden für die Übernahme dieser Rollen keine Hierarchien oder besonderen Kompetenzen berücksichtigt. Mit den Rollen werden „möglichst klar die Funktionen und die damit verbundenen Aufgaben der Teilnehmer im Beratungsprozess" definiert (Schmid et al., 2019, 14). Die Anzahl und Typen von Rollen unterscheiden sich in der Intervisionsliteratur je nachdem, welche Gruppengröße vorgesehen ist (Schmid et al., 2019, 15; Kühl & Schäfer, 2020, 45, Tietze, 2020, 52 ff.). Hier werden nur die Rollentypen vorgestellt, die für die Intervision im Kontext schreibpädagogischer Praxis relevant sind. Daraus ergibt sich dann eine sinnvolle Gruppengröße von 4–10 Personen, die im Idealfall realisiert werden kann. Einige der Rollen können gedoppelt werden, sodass bei größeren Gruppen als dem Minimum von 4 Personen die Grundfunktionen von mehreren Teilnehmenden übernommen werden können.

Als *Fallgeberin* wird die Person definiert, die in einer Intervisionssitzung ein persönlich wichtiges Thema, Anliegen oder Problem aus dem Berufsalltag einbringt und diesbezüglich Unterstützung in der Intervisionsgruppe sucht. In der Literatur wird die Rolle wie folgt konturiert (Schmid et al., 2019, 34 f.;

Kühl & Schäfer, 2020, 47): Die Fallgeberin spricht offen über ihr Anliegen und ist ernsthaft an einer Lösung interessiert. Sie ist bereit, persönliche Schwierigkeiten und Gefühle zu thematisieren. Im Verlauf der Kollegialen Beratung kann sie in den Fragen, Eindrücken und Hypothesen der *Beraterinnen* neue Perspektiven gewinnen und ggf. Lösungsoptionen generieren. Die Berufskolleginnen, die als Beraterinnen in der Intervision das Anliegen der Fallgeberin aus der sozialen Distanz betrachten, sollen der Fallgeberin respektvoll und mit ehrlichem Interesse begegnen und ihre Eindrücke und Wahrnehmungen offen, ehrlich und ressourcenorientiert spiegeln (Schmid et al., 2019, 35 f.; Kühl & Schäfer, 2020, 48). Während der Falldarstellung sind die Beratenden zunächst zurückhaltend und unterbrechen nicht. Danach können sie Fragen stellen, Zusammenhänge klären oder Hypothesen über das eingebrachte Problem kommunizieren. Die Bewertung und Auswahl von generierten Lösungsoptionen für ein Problem ist allein Sache der Person, die den Fall eingebracht hat.

Damit dieser Prozess gelingt, setzt Intervision auf eine besondere Rolle, die der *Moderatorin.* Sie ist zuständig für den geordneten Ablauf des Prozesses der Kollegialen Beratung. Eine klare Strukturierung gilt als ein wesentlicher Erfolgsfaktor der Methode (Schmid et al., 2019, 37), daher hat die moderierende Person eine besonders verantwortungsvolle Aufgabe. Zur Moderation gehören die Gestaltung der Übergänge und die Überwachung der Zeit für die einzelnen Prozessschritte. Des Weiteren achtet die Moderatorin darauf, dass alle Rollenfunktionen korrekt ausgeführt werden, der Fokus beim Thema bleibt und festgelegte Kommunikationsregeln eingehalten werden. Weitere sehr differenzierte Rollenbeschreibungen für die Moderation finden sich bei Lippmann (2013, 54 f.) oder auch Kühl und Schäfer (2020, 47).

Nicht in allen, aber einigen Intervisionsansätzen wird auch mit der Rolle des „*Reflecting Team*" bzw. der *Beobachterinnen-Rolle* gearbeitet. Gerade in der Gründungs- oder Anfangsphase einer Intervisionsgruppe kann diese Rolle relevant sein. Denn zur Beobachtung gehört, auf eventuelle Regel-, Rollen- oder Methodenverstöße hinzuweisen, was als eine Entlastung bzw. Unterstützung der Moderationsrolle verstanden werden kann. Beobachterinnen betrachten Prozesse und Rollenfunktionen und notieren wichtige Wahrnehmungen für das Feedback (Schmid et al., 2019, 36 f.; Kühl & Schäfer, 2020, 48). Während es nur eine Person geben kann, die einen Fall oder ein Thema einbringt, und nur eine Person, die die Moderationsrolle innehaben kann, können beratende und beobachtende Rollen mehrfach in einem Intervisionssetting vergeben werden. Die theoretische Minimalgröße eines Intervisionsteams beträgt also 4 Personen: Fallgeberin, Moderatorin, Beraterin und Beobachterin. Allerdings wird in den meisten

Intervisionsmodellen von mindestens 5 Personen ausgegangen, da die Beraterin-nenrolle mindestens zweimal vergeben wird. Durch die Mehrfachbesetzung von Beratungs- und Beobachtungsrolle erklärt sich die Größenangabe 4 bis 10. Mit noch mehr Personen zu arbeiten macht keinen Sinn, da alle Teilnehmenden im Prozess gehört und alle Wahrnehmungen geteilt werden sollen. Bei zeitlichen Sitzungslängen von 45 bis 180 min, die in der Literatur genannt werden (vgl. z. B. Schmid et al., 2019, 46; Tietze, 2020, 60), wäre diese Anforderung nicht zu realisieren.

> **Fazit und Schlussfolgerung:** Es kann festgehalten werden, dass eine Grup-pengröße von 4-10 Personen für eine Intervisionsgruppe als sinnvoll gilt. Insgesamt werden vier Rollentypen in der Gruppe realisiert: die der Fall-geberin, der Moderatorin, der Beraterin und der Beobachterin. Die beiden letzten Rollen können mehrfach besetzt werden. Die Rollenverteilung in der Gruppe soll von Sitzung zu Sitzung wechseln. Für alle Rollen werden differenzierte Rollenbeschreibungen für das Gelingen der Bearbeitung von Themen vorgesehen.

3.5   Prozessmodell und Prinzipien der Intervision

In der Intervisionsliteratur werden als Strukturierungsvorschläge sog. Prozess-modelle für die Intervisionssitzungen vorgestellt, die sich weitgehend ähneln. Unterschiede ergeben sich hinsichtlich der Zeitvorgaben, der Strukturierungs-tiefe und der Differenzierung von Prozessabläufen. Hier wird ein integriertes Prozessmodell vorgestellt, das verschiedenen Literaturempfehlungen folgt, wobei das klassische Modell von Lippmann (2013) um sinnvolle Details aus späteren Modellierungen ergänzt wird, wo es für das Vorhaben des vorliegenden Buches sinnvoll erscheint (z. B. durch Anleihen bei Schmid et al., 2019, 16 ff.; Tietze, 2020, 42 f.). Die Intervision erfolgt in sieben Prozess-Schritten:

Integriertes Prozessmodell der Intervision(ssitzung) als Kollegialer Beratung

1. Einführung und Erhebung der aktuellen Anliegen in der Gruppe
2. Rollenvereinbarungen und Übernahme von vier Grundrollen (ggf. Dopplungen)
3. Darstellung des ausgewählten Anliegens der Fallgeberin und Nachfragen der Beraterinnen

4. Situationsanalyse, Fragen und Hypothesen zum Problem durch die Beraterinnen
5. Reaktion auf Fragen und Prüfung bzw. Priorisierung der Hypothesen durch die Fallgeberin
6. Erarbeitung von Lösungen (Beraterinnen) und Bewertung der Lösungsideen (Fallgeberin)
7. Prozessreflexion durch Beobachtungsergebnisse, Feedback sowie Ergebnissicherung

Für jede dieser sieben Phasen ergibt sich ein spezifisches Aufgaben- und Anforderungsprofil, das in der Tab. 3.1 dargestellt ist. Dabei wird von einem idealtypischen Verlauf ausgegangen. Mögliche Schwierigkeiten im Prozess können im Rahmen des vorliegenden Buches als Gestaltungsarbeit nicht differenziert betrachtet werden. Wertvolle Hinweise zum Umgang mit Schwierigkeiten im Prozessablauf bei der Umsetzung in die Praxis finden sich z. B. bei Tietze (2020, 111 ff.).

Für die Exploration des Anliegens, das in einer Intervisionssitzung bearbeitet werden soll, wird die Erarbeitung eines Bildes der zu bearbeitenden (Problem-) Situation in der Intervisionsliteratur ausdrücklich empfohlen, etwa in Form einer „Metapher, eine[r] Analogie oder ein[es] Symbol[s]" (Schmid et al., 2019, 38). Mit dieser Veranschaulichung sollen das subjektive Empfinden, die Gefühle und Erwartungen bezüglich des Anliegens ausgedrückt werden. In dieser Phase wird von den Teilnehmenden der „Fall" benannt und beschrieben, den sie gerne einbringen möchten. Damit sind die Themen angesprochen, die in der Intervision bearbeitet werden sollen, es muss sich dabei nicht zwingend um Probleme handeln. Es können auch Fragen, Sachverhalte oder Gedanken sein, die den Teilnehmenden im Berufsalltag häufiger auffallen und für die kollegialer Austausch, konstruktive Meinungen oder die Sichtweisen anderer interessant wären (Schmid et al., 2019, 41). Im dargestellten Prozessmodell für die Intervision wird dennoch zur Vereinheitlichung von „Problem" gesprochen, auch wenn es sich nicht zwingend um emotional belastende Inhalte handeln muss.

In der Literatur werden auch je nach Typen von Themen, Problemen und Konflikten unterschiedliche Varianten der Intervision besprochen, die den Rahmen der vorliegenden Darstellung sprengen würden (vgl. hierzu z. B. Lippmann, 2013, 179 ff.). Manchmal werden abweichend vom dargestellten Prozessmodell auch mehrere Anliegen hintereinander in einer Intervisionssitzung bearbeitet. Das hängt ab von der Ähnlichkeit der evozierten Anliegen, der Komplexität eines eingebrachten Problems und natürlich auch von der Dauer, die eine Gruppe für eine Intervisionssitzung generell festsetzt. Die Intervisionsliteratur bietet nicht nur verschiedene Prozessmodelle, sondern vor allem auch eine sehr große Fülle

Tab. 3.1 Integriertes Prozessmodell einer Intervision und phasenspezifische Anforderungen. (in Anlehnung an Lippmann, 2013, 65 ff.; Schmid et al., 2019, 38 ff.; Schlee, 2019, 124 ff.; Kühl & Schäfer, 2020, 49 ff.; Tietze, 2020, 60 ff.; Hendriksen & Huizing, 2020, 9 f.)

Intervisionsschritte (Phasen pro Sitzung)	Phasenspezifisches Anforderungsprofil für die Gruppe
1. Einführung: Einführung und Erhebung der aktuellen Anliegen in der Gruppe	Vergegenwärtigung des Intervisionssettings (Ankommen in der Gruppe), individuelle Vorbereitung einer Fragestellung, eines Anliegens, eines Themas, Skizzierung eines Bildes der Situation, die Thema werden könnte (alle)
2. Rollenübernahme: Rollenvereinbarungen und Übernahme der vier Grundrollen (ggf. Dopplungen bei n > 4) für die aktuelle Sitzung	Einbringen der evozierten Anliegen, Priorisierung der Anliegen bzw. Festlegung der Person, die Fallgeberin (FG) ist, ggf. Bündelung ähnlicher Anliegen, Festlegung der Moderatorinnenrolle (MO), Beraterinnen- und Beobachterinnenrollen (BER bzw. BEO), Erläuterung und Übergabe der Rollen (MO), ggf. Rückfragen zu Rollen klären (MO)
3. Problemdarstellung: Differenzierte Darstellung des ausgewählten Anliegens durch Fallgeberin und Nachfragen der Beraterinnen	MO moderiert: differenzierte Problemschilderung bzw. Festlegung der spezifischen zu bearbeitenden Fragestellung (FG); ggf. Visualisierung des Anliegens (FG), Erarbeitung des Fokus durch FG mit Unterstützung durch Fragen der BER, ggf. wichtige Antworten zur Situationsbeschreibung visualisieren, BEO beobachten
4. Problemanalyse: Situationsanalyse, Fragen und Hypothesen zum Problem durch die Beraterinnen	MO moderiert: Kontakt zur Problemsituation aufnehmen (BER), diese dann betrachten, vertiefen und erweitern, den „inneren Film" der FG erspüren, Assoziationen äußern (BER), Fragen zur Analyse der Situation an FG stellen (BER) (vor allem aus der systemisch-lösungsorientierten Beratung), Hypothesen zur Diagnose des Problems aufstellen (BER), Verzicht auf Wertung durch BER, BEO beobachten

(Fortsetzung)

Tab. 3.1 (Fortsetzung)

Intervisionsschritte (Phasen pro Sitzung)	Phasenspezifisches Anforderungsprofil für die Gruppe
5. Problempräzisierung: Verdichtende Fragen, Reaktion auf Fragen und Prüfung bzw. Priorisierung der Hypothesen durch Fallgeberin	MO moderiert: BER verdichten ihre Sicht auf das Anliegen durch Fragen, FG gibt Rückmeldungen zu den Fragen und Hypothesen, stellt relevante Fragen und priorisierte Hypothesen in den Fokus, BER geben Feedback und stellen ggf. weitere Fragen zur Präzisierung, Ziel ist die „Zoom"-Sicht auf das Problem vor der Lösung, BEO beobachten
6. Problemlösung: Erarbeitung von Lösungen (Beraterinnen) und Bewertung der Lösungsideen durch die Fallgeberin und ggf. Entscheidung	MO moderiert: Lösung und Handlungsalternativen erarbeiten (BER), Assoziationen anregen, Kreativität und ggf. Rollenspiel nutzen (BER), FG kommentiert Lösungsvorschläge, klärt das Verständnis ggf. im Dialog mit BER, bewertet die Lösungen, priorisiert und entscheidet sich für eine Problemlösung, ggf. gemeinsame Diskussion über Stolpersteine bei der Problemlösung, BEO beobachten
7. Prozessreflexion: Reflexion der Intervisionssitzung durch Beobachtungsergebnisse, gegenseitiges Feedback sowie Ergebnissicherung	MO moderiert: BEO geben ihre Beobachtungen als Feedback an die Gruppe, auch BER, MO und FG geben ihr Feedback zum Prozess, Ergebnissicherung durch Ressourcenorientierung der FG, Vorbereiten der nächsten Schritte zur Problemlösung der FG, ggf. Sicherung von Auswertungsergebnissen des Prozesses und Festlegung der Bearbeitung von in der Sitzung vernachlässigter Anliegen aus Phase 1 (alle), Verabschiedung durch MO

von Methoden, mit denen die Anforderungen in den verschiedenen Phasen der Intervision bearbeitet werden sollen. Auch die umfängliche Darstellung und Systematisierung von Methoden kann nicht Inhalt und Zweck der vorliegenden Publikation sein. Aus der Fülle der Methoden wurden nur solche ausgewählt, die für Intervisionsanfängerinnen machbar erscheinen. In nahezu jedem Intervisionsmodell tauchen allerdings zwei Methodenansätze auf, die intervisionstypisch sind und sich bereits in Phase 5 und 6 der Problembearbeitung zeigen. Dabei handelt es sich um Fragen zumeist aus einer systemisch-lösungsorientierten Sichtweise

Tab. 3.2 Prinzipien und theoretische Hintergründe der Intervisionsansätze Kollegialer Beratung

Beratungsprinzip	Annahmen dieser Prinzipien bzw. Haltungen
Humanistisch (Schubert et al., 2019, 76 ff.)	• Es gibt Muster in den Lebensgeschichten von Menschen
	• Menschen haben selbst widersprechende Bedürfnisse
	• Selbstreflexion führt zu einem höheren Bewusstseinsgrad
	• Menschen können zwischen Handlungsalternativen wählen
	• Menschen leben ziel- und werteorientiert
	(*Beispiele:* Personenzentrierter Ansatz nach Rogers mit den Grundhaltungen Empathie, Echtheit und Wertschätzung; Gestaltberatung nach Perls mit den Orientierungen Im-Hier-und-Jetzt-Sein, Bewusstmachung, Selbstkonfrontation, Beziehungserleben)
Systemisch (Schubert et al., 2019, 90 ff.)	• Probleme erklären sich aus der Beziehung des Menschen zu seiner Umwelt bzw. der sie umgebenden Systeme
	• Zentral ist die subjektive Perspektive des individuellen Erlebens eines äußeren Systems
	• Handlungen sind immer interpersonale Kommunikation
	• Personen betrachten sich in Wechselbeziehung mit ihrem sozialen Kontext
	• Das Verstehen von Wechselwirkungen und Rückkopplungen in einem System macht Entwicklungen möglich
	(*Beispiele:* Familientherapie nach Bateson, Satir und Watzlawick sowie Systemtheorie nach Luhmann mit den Betrachtungen von Beziehungs-und Interaktionssystemen, unterschiedlicher Wahrnehmungen und Bedeutungszuschreibungen der Systemmitglieder, Möglichkeitsspielräumen und wertschätzender Grundhaltung)
Ressourcenorientiert (Schubert et al., 2019, 129 ff.)	• Menschen sind autonom, reflexionsfähig und verfügen über die Ressourcen zur Problembewältigung
	• Beratung dient dazu, Ressourcen wiederzuentdecken, zu erhalten, aufzubauen und förderlich einzusetzen

(Fortsetzung)

Tab. 3.2 (Fortsetzung)

Beratungsprinzip	Annahmen dieser Prinzipien bzw. Haltungen
	• Ressourcen sind Mittel, Merkmale, Eigenschaften und Gegebenheiten, die zur Entwicklung eingesetzt werden können
	(*Beispiele:* Transaktionaler stresstheoretischer Ansatz nach Lazarus mit Fokus auf günstige kognitiv-emotionale Situationsbewertung, Bewältigungskompetenzen und Sinnhaftigkeit von Handeln sowie persönlichkeitspsychologischer Ansatz nach Grawe mit der Konzentration auf Ressourcendiagnose und -[re]aktivierung)

und um Hypothesengenerierung zur Problemdiagnose (siehe z. B. Lippmann, 2013, 56, bzw. Schmid et al., 2019, 44). Auf diese Methoden wird sich das nachfolgende Kap. 4 konzentrieren.

Die genannte systemisch-lösungsorientierte Sichtweise und die Ressourcenorientierung (Lippmann, 2013, 56 f.), d. h. der Fokus auf die Ressourcen der Fallgeberin für die Problemlösung in der Intervision, ist nicht zufällig, sondern basiert auf einer grundsätzlichen Werthaltung, die in den verschiedenen Intervisionsmodellen deutlich wird. Damit die Anforderungen an die Gruppe in der Intervision eingelöst werden können, sind nicht nur die Rollen, Prozesse und Methoden wichtig, sondern auch ein bestimmtes *Menschenbild,* das hinter dem Glauben an die Wirksamkeit des geschilderten Prozesses liegt: „Das Menschenbild der humanistischen Psychologie, die Psychologie des reflexiven Subjekts wie auch die Erkenntnistheorie des radikalen Konstruktivismus geben Formen gegenseitiger Beratung eine ´indirekte Aufwertung und theoretische Unterfütterung´." (Lippmann, 2013, 159) Als Fundament nennt Schlee (2019, 207) theoretische Ansätze mit humanistischen Menschenbildern wie die Themenzentrierte Interaktion (TZI) nach Ruth Cohn, den personenzentrierten Ansatz von Carl Rogers, den Ansatz Subjektiver Theorien nach Norbert Groeben u. a., die Kommunikationspsychologie nach Schulz von Thun sowie die Kommunikationspsychologie nach Paul Watzlawick und Kolleginnen (Tab. 3.2).

Gemeinsame Grundannahmen sind: Menschen haben immer subjektive Wahrnehmungen ihrer Realität, über die sie mit anderen in einen Austausch treten können. Es gibt nicht die eine objektive Realität, die alle in ihrer Wahrnehmung übereinstimmend teilen. Aber Menschen können sich über ihre Realitätswahrnehmungen austauschen und von der gegenseitigen sozialen Perspektivenübernahme profitieren. Die Ratsuchende wird als Expertin für sich selbst betrachtet, die

Lösungen ihrer Probleme liegen in ihr (Schlee, 2019, 45). Sie müssen nur wahrgenommen oder bewusst gemacht werden und in das eigene berufliche Handeln integriert werden. Genau dabei kann das Angebot einer Intervisionsgruppe unterstützen. Mit der Intervision verbindet sich analog der hier geschilderten theoretischen Annahmen eine Zielsetzung, die in einer autonomen Rollenausführung einer Berufsrolleninhaberin liegt: „Immer häufiger in größerem Ausmaß kommunikativ, rational, reflexiv und autonom handeln zu können" (Schlee, 2019, 207). Das trägt dazu bei, berufliche Kompetenzen zu entwickeln und Qualifizierung durch kreative Kooperation in der Gruppe zu erlangen (Tietze, 2020, 7).

In den verschiedenen Intervisionsansätzen, die für das vorliegende Buch analysiert wurden und die in das oben vorgestellte integrierte Rahmenmodell eingegangen sind, werden immer wieder drei Prinzipien genannt, die den theoretischen Hintergrund der Praxisansätze für die Reflexion beruflichen Handelns charakterisieren: Die Intervisionsansätze zur Kollegialen Beratung verstehen sich als *humanistisch, systemisch* und *ressourcenorientiert*. Damit diese Hintergründe in ihren wesentlichen Inhalten und Haltungen transparent werden, wird in Tab. 3.2 ein Überblick gegeben, der sich an die Darstellung von Schubert et al. (2019) lehnt.

Fazit und Schlussfolgerung: Es kann geschlussfolgert werden, dass Intervision eine strukturierte Vorgehensweise ist, um mittels ausdifferenzierter Prozess-Schritte und spezifischer Methoden in Kollegialer Beratung gleichberechtigter Personen zu einer lösungsorientierten Bearbeitung eines sozialen Anliegens aus dem Feld beruflichen Handelns zu kommen. Für diesen Prozess werden vier unterschiedliche Funktionsrollen in einer Intervisionsgruppe verteilt, denen ein spezifisches Aufgabenspektrum im Prozessablauf zugeordnet ist. Der Prozess dauert in der Regel zwischen 45 und 180 min und wird in Gruppen von 4–10 Personen durchgeführt. Als wesentliche Grundhaltung wurde eine humanistische, lösungsorientierte und ressourcenorientierte Sicht identifiziert.

3.6 Forschungsstand zur Intervision in der schreibpädagogischen Praxis

Zur Wirkung von Biografischem und Kreativem Schreiben im Intervisionskontext schreibpädagogischer Praxis liegen keine Studien vor, die Evidenz für den

Einsatz spezifischer Methoden und Prozesse oder der Relevanz spezifischer Intervisionsinhalte bieten könnten. Auch die Orientierung an Wirkungsnachweisen für Intervision im Allgemeinen ist schwierig. Denn für die Intervision liegen keine Evidenzstudien in nennenswertem Umfang vor. Was es gibt, sind vielmehr Praxisberichte zu den Leistungspotenzialen von Intervision in unterschiedlichen Anwendungskontexten, die nachfolgend in der Tab. 3.3 zusammengefasst sind.

Es gibt also viele Leistungspotenziale für die Intervision, die sich aus Praxissicht entfalten können, aber es gibt keine systematischen, evidenzbasierten Studien. Hintergrund dafür könnte sein, dass Intervision als Kollegiale Beratung keine Maßnahme darstellt, deren Wirkung nachgewiesen sein muss, damit z. B. Kostenträger vom Nutzen dieser Intervention überzeugt sind. Was Kolleginnen selbstorganisiert und ohne Verbrauch monetärer Ressourcen tun, um

Tab. 3.3 Leistungspotenziale von Intervision in unterschiedlichen Anwendungskontexten (Lippmann, 2013, 18 f., Schlee, 2019, 178 ff., Hendriksen & Huizing, 2020, 4 f.)

Leistungspotenzial	Leistungsfacetten
Erhöhung der Professionalität durch	• Reflexions- und Wahrnehmungserweiterung (bzgl. eigener Denkmuster, emotionaler Betroffenheit, persönlichen Handelns) • Kontakt- und Beziehungsgestaltung (z. B. Unterstützung, Verweigerung, Konflikte) • Verständnis der eigenen Rolle in Situationen und Systemen • Verständnis von Fachlichkeit in unterschiedlichen Kontexten • Erweiterung theoretischer Kenntnisse • Erweiterung des Spektrums praktischen Handelns • Kompetenzerwerb für Belastungssituationen • Vorstellungen über Erfolg und Misserfolg der eigenen Arbeit • Förderung strategischen Denkens • Qualitätssicherung mittels Auseinandersetzung mit eigenem Handeln • Anregung von Verhaltensänderungen • Aufbau und Pflege eines Netzwerks als Ressource und Stütze • Förderung der Fähigkeit, eigene Lösungen zu finden

(Fortsetzung)

Tab. 3.3 (Fortsetzung)

Leistungspotenzial	Leistungsfacetten
Psychohygiene, Entlastungsfunktion durch	• Aufbau einer vertrauensvollen Lern- und Arbeitsatmosphäre • Einfühlung und Anteilnahme am eigenen Fall und auch bei „fremden" Problemstellungen (Ich bin nicht die Einzige, die …) • Perspektivwechsel • Probehandeln im geschützten Raum • Optimierung von Identifikation und Distanzierung • Erkennen von Übertragungsmustern und Projektionen • Ausgleich von Spannungen im Alltag
Klären von Fragen zu, Informationsaustausch über	• Theoretische(n) und/oder methodische(n) Aspekte(n) eines Falls • Das Erkennen von Möglichkeiten und Grenzen einer Theorie bzw. eines Modellansatzes zum beruflichen Handeln • Ermutigung zur kritischen Auseinandersetzung mit der persönlichen „Rahmentheorie" beruflichen Handelns • Austausch über „best practice" bzgl. einer Frage- oder Problemstellung

berufliches Handeln zu reflektieren, stellt nach dem derzeitigen Stand der Recherche keinen Forschungsgegenstand dar. Anders gesagt: Es scheint keine Lobby für Intervisionsforschung zu geben.

Daher ergibt sich die Frage, ob denn für Supervision Wirksamkeitsnachweise vorliegen, aufgrund derer sich Hinweise für den Einsatz von Intervision ergeben, die ja – zumindest was Prozesse und Methoden angeht – starke Überschneidungen zur Supervision hat. Schigl et al. (2020, 196 f.) haben eine Metastudie vorgelegt, in der die Wirkung von Supervision im Rückgriff auf 1629 Studien untersucht wurde. Die Autorinnen kommen zwar zu dem ermutigenden Schluss, dass „die Supervisionsforschung international auf dem Level der Empirie angekommen ist" (Schigl et al., 2020, 197), aber die Ergebnisse zur Wirkung von Supervision als Methode zur Optimierung zwischenmenschlicher Kooperation in komplexen, interpersonalen Kontexten sind sehr bescheiden. Das mag an der Komplexität des Untersuchungsgegenstand liegen und der Diversität der methodischen Ansätze in der Supervision geschuldet sein. Mathias-Wiedemann (2020) schätzt Supervision als relativ junge Methode psychosozialer Intervention ein, für die evidenzbasierte

Wirkungsnachweise in Zukunft immer wichtiger werden. Gleiches dürfte auch für die Intervision gelten. Selbst wenn die monetären Ressourcen für ihren Einsatz gering sind, kosten sie zeitliche Ressourcen und ihr Einsatz verlangt Legitimation. Für die Supervision konnte in Einzelbefunden gezeigt werden, dass ihr Einsatz als „weitgehend entlastend" wahrgenommen wird und bei *den* Teilnehmenden die Arbeitszufriedenheit erhöhen kann, die die Supervision als effizient wahrnehmen (Mathias-Wiedemann, 2020, 9). In Korrespondenz könnte dies auch als Minimalziel der noch ausstehenden Wirkungsforschung zur Intervision formuliert werden.

Fazit und Schlussfolgerung: Es kann geschlossen werden: Es gibt keine empirischen Befunde zum Einsatz von Intervision in der schreibpädagogischen Praxis und auch keine Hinweise darauf, ob ihre Wirkung durch Adaptionen in Schreibmethoden erhöht werden kann. Aus der Supervisionsforschung können aber Schlussfolgerungen zur Entlastungsfunktion gezogen werden, die ggf. auf Intervision übertragbar sind. Aus der Forschung spricht auch nichts gegen den Einsatz von Intervision, sodass davon ausgegangen werden kann, dass der Exploration auch keine Kontraindikationen entgegenstehen.

Literatur

Haußmann, R. (2017). *Kreatives Schreiben zur Entwicklung von Ressourcen in Beratung und Coaching.* Vandenhoeck & Ruprecht.

Hendriksen, J., & Huizing, J. (2020). *Methoden für die Intervision. Ein Fächer mit 20 effektiven Tools.* Hogrefe Verlag.

Kühl, W., & Schäfer, E. (2019). *Coaching und Co. Ein Kompass für berufsbezogene Beratung.* Springer Fachmedien.

Kühl, W., & Schäfer, E. (2020). *Intervision. Grundlagen und Perspektiven.* Springer Fachmedien.

Lippmann, E. (2013). *Intervision. Kollegiales Coaching professionell gestalten* (3. überarbeitete Aufl.). Springer.

Loebbert, M. (2016). *Wie Supervision gelingt. Supervision als Coaching für helfende Berufe.* Springer Fachmedien.

Mathias-Wiedemann, U. (2020). Mythos Supervision? Ohne Forschung kein Weiterkommen! *SUPERVISION Theorie-Praxis-Forschung. Eine interdisziplinäre Internet-Zeitschrift. 04*(2020), 1–23.

McLeod, J. (2004). *Councelling – Eine Einführung in die Beratung.* dgtv-Verlag.

Migge, B. (2018). *Handbuch Coaching und Beratung: Wirkungsvolle Modelle, kommentierte Falldarstellungen, zahlreiche Übungen.* Beltz Weiterbildung.

Schigl, B., Höfner, C., Artner, N. A., Eichinger, K., Hoch, C. B., & Petzold, H. G. (2020). *Supervision auf dem Prüfstand. Wirksamkeit, Forschung, Anwendungsfelder, Innovation* (2. Aufl.). Springer Nature.

Schlee, J. (2019). *Kollegiale Beratung und Supervision für pädagogische Berufe. Hilfe zur Selbsthilfe. Ein Arbeitsbuch.* (4 erweiterte Aufl.). Kohlhammer.

Schmid, B., Veith, T., & Weidner, I. (2019). *Einführung in die kollegiale Beratung* (3. Aufl.). Carl-Auer-Systeme Verlag.

Schreyögg, A. (2010). *Supervision. Ein integratives Modell* (5. erweiterte Aufl.). VS Verlag.

Schreyögg, A. (2012). *Coaching. Eine Einführung für die Praxis und Ausbildung* (7. überarbeitete und erweitere Aufl.). Campus.

Schubert, F.-C., Rohr, D., & Zwicker-Pelzer, R. (2019). *Beratung, Grundlagen – Konzepte – Anwendungsfelder.* Springer.

Tietze, K.-O. (2020). *Kollegiale Beratung. Problemlösungen gemeinsam entwickeln* (10. Aufl.). Rowohlt Taschenbuch.

Methoden für die Reflexion 4

Susanne Femers-Koch

4.1 Anforderungsprofil für Reflexionsmethoden

Aus den vorangegangenen Ausführungen leiten sich einige Anforderungen ab, denen Methoden zur beruflichen Reflexion in der schreibpädagogischen Praxis im Idealfall genügen sollten. Die Methoden sollten:

- der Reflexion der Herausforderungen in diesem Berufsfeld dienen, d. h. die Themen bearbeiten können, die in Tab. 2.1 in Abschn. 2.4 vorgestellt wurden und aus denen vier Themenfelder für die Reflexion in der Schreibwerkstatt abgeleitet wurden,
- auch zum Leistungsportfolio passen, das der Intervision im Allgemeinen zugesprochen wird. Damit sollte ein Bezug zum Profil aus Tab. 3.3 herstellbar sein,
- außerdem in sinnvolle Ablaufschritte der Intervision integrierbar sein, das bedeutet, dass sie in eine der Phasen des Integrierten Prozessmodells der Intervision in Tab. 3.1 in Abschn. 3.5 passen sollten,
- zu den Prinzipien und theoretischen Ansätzen der Intervision als Kollegialer Beratung kompatibel sein und damit einem humanistischen, systemischen oder ressourcenorientierten Charakter genügen, wie er in Tab. 3.2 in Abschn. 3.5 skizziert wurde,
- im Medium Schreiben realisierbar sein, d. h. dem zentralen Medium schreibpädagogischer Arbeit entsprechen bzw. in Schreibmethoden überführbar sein und bestenfalls durch kreative Impulse Mehrwert gegenüber herkömmlichen Ansätzen bieten.

Mit diesen Anforderungen sind recht anspruchsvolle Auswahlkriterien für Methoden formuliert. Aber weder die Intervisions- noch die Schreibforschung stellen

© Der/die Autor(en), exklusiv lizenziert an Springer Fachmedien Wiesbaden GmbH, ein Teil von Springer Nature 2022
S. Femers-Koch, *Intervision für die schreibpädagogische Praxis*,
https://doi.org/10.1007/978-3-658-38865-2_4

ausreichendes Wissen bereit, um eine empirisch abgesicherte Methodenauswahl zu treffen. Allerdings ist das Anforderungsprofil hilfreich, um Plausibilitätsüberlegungen bei der Methodenauswahl und -kreation zu stützen und einen Begründungszusammenhang für das Schreibwerkstattkonzept herzustellen. Im Folgenden werden – orientiert an den genannten Maximen – Methoden aus der Intervision vorgestellt, die die Basis für die spätere Adaption in Schreibmethoden bilden können.

4.2 Methodenrepertoire für die Intervision

Die Intervisionspraxis kann auf eine große Fülle von Methoden zurückgreifen, die vielfach aus der Supervision entlehnt sind. Eine unter Intervisionsexpertinnen einheitliche Systematik von Methoden gibt es nicht. Vielmehr schlagen verschiedene Intervisionsfachleute verschiedene Typologien von Methoden vor, die nicht überschneidungsfrei sind, sich aber vielfach gut ergänzen. So unterscheidet Tietze (2020, 177 ff.) beispielsweise Methoden danach, ob sie annehmend (im Sinne von empathisch), strukturierend oder lösungsorientiert sind. Schlee (2019, 64 ff.) weist auf den Charakter der Kollegialen Beratung als explorativ, unterstützend und konfrontativ hin und damit auf drei weitere Kategorien für eine Methodenordnung. Insbesondere Konfrontationsmethoden werden bei Schlee (2019, 118 ff.) sehr differenziert kategorisiert. Außerdem unterscheidet er Methoden auch noch danach, ob sie eher für den Beginn oder das Ende einer Intervisionssitzung geeignet sind und ob sie eher für unerfahrene oder erfahrene Intervisionsgruppen empfehlenswert sind. Innerhalb der Konfrontationsmethoden differenziert Schlee (2019, 119) auch noch danach, welchen Anregungscharakter Methoden haben, ob sie einen Perspektivwechsel, einen Sortiervorgang oder eine Auseinandersetzung mit einer Außensicht anregen. Eine Schnittmenge der dargestellten Typologisierungsansätze stellen Hendriksen und Huizing vor (2020), mit der Unterscheidung von lösungsorientierten, kreativen, aktivierenden und reflexiven Methoden. Schmid et al. (2019, 63) ordnen methodisches Vorgehen in der Intervision nach den verschiedenen Bearbeitungsphasen eines eingebrachten Problems. Diesem Ordnungskriterium schließt sich der Klassiker von Lippmann (2013, 67 ff.) an und dieser wird auch hier weiterverfolgt, da er eine direkte Zuordnung von Methoden zum erarbeiteten Integrierten Intervisionsmodell ermöglicht. Dies ist mit Blick auf die Werkstattplanung ein sinnvoller und pragmatischer Systematisierungsansatz.

Auch wenn die Bandbreite von Intervisionsmethoden groß ist, kommt zwei methodischen Vorgehensweisen eine herausragende Rolle zu, da sie nahezu in jeder Systematik zu finden sind. Gemeint ist die Arbeit mit Fragen und mit Hypothesen. Die *Arbeit mit Fragen* gehört nach Lippmann (2013, 104 ff.) zu jeder hilfreichen (Kollegialen) Beratung. Hilfreich sind Fragen seiner Meinung nach, wenn sie entweder der *Informationsgewinnung* für die beratenden Mitglieder einer Intervisionsgruppe dienen, oder aber, wenn sie für den Befragten eine *Intervention in Richtung Lösungsfindung* darstellen. Als hilfreich lassen sich solche Fragen charakterisieren, die „offen sind, Suchbewegungen und Denkprozesse auslösen, verschiedene Perspektiven eröffnen (…), das ΄Innen΄ des Befragten fokussieren, d. h. danach fragen, was etwas für den Befragten ‚bedeutet'" (Lippmann, 2013, 105). Darin spiegelt sich ein Grundprinzip der Intervision wieder, das die Subjektivität von Wahrnehmungen in den Fokus rückt.

Intervision ist in den meisten der o. g. Ansätze systemisch orientiert, daher geht es ihnen nicht um die Vergangenheit. Folge ist, dass Fragen nach den Ursachen eines Problems nur eine untergeordnete Bedeutung haben. Warum-Fragen können aber für eine Problemanalyse hilfreich sein und mit dem Charakter einer Hypothese wichtige Annahmen für den Problemlösungsprozess liefern. Es gibt in der Intervisionsliteratur einen hochdifferenzierten Katalog von Fragetypen, der hier nur in Auszügen genutzt werden kann. Bei der Auswahl der in der Überblickstabelle 4.1 bis 4.7 dargestellten Fragen wurde solchen Fragen der Vorrang gegeben, die relativ leicht verständlich sind und somit für Intervisionsanfängerinnen und ohne fachkundige Leitung wie bei der Supervision einsetzbar sind. Gemeinsam ist den Fragen, dass sie kein Wissen abprüfen, sondern Anregungen zur Veränderung geben. Systemische Fragen fokussieren auf Ressourcen bzw. Problemlösungskompetenz: Ziel der Fragen ist es, einen Unterschied zum bis dahin Gehörten oder Gedachten (zum Anliegen oder Fall) zu machen. Die Fragen sollen zur Unterscheidung und Differenzierung beitragen (Schmid et al., 2019, 58).

Beraterinnen in der Intervision lösen nicht im Sinne von Expertinnen das Problem ihrer Klientinnen. Beraterinnen in der Intervision als Kollegiale Beratung bieten vielmehr ihren Kolleginnen *Hypothesen als Grundlage für die Lösungserarbeitung* ihrer Probleme an. Die Fallgeberinnen werden selbst als die Expertinnen für ihre Anliegen betrachtet. Hypothesen werden in der Intervision verstanden als eine Reaktion auf ausgelöste Assoziationen. Als Auslöser gelten die Falldarstellungen der Fall gebenden Person. Dafür werden insbesondere innere Bilder oder Filme methodisch gefördert (Lippmann, 2013, 117 f.). Nach Tietze (2020, 169) gibt es im Wesentlichen drei Indikationen für die Hypothesenentwicklung: Der fallgebenden Person sind Zusammenhänge der Problemsituation und die Motive der Beteiligten nicht durchsichtig. Oder die Person rätselt darüber, wie das Problem entstanden ist, was es aufrechterhält und wie die Situation verändert werden

könnte. Als dritte Indikation gilt die Frage der Fall gebenden Person nach neuen
Anhaltspunkten für die Situationsveränderung. Analog zu den Indikationen werden drei Typen von Hypothesen unterschieden: erstens Annahmen über Faktoren,
die ein Problem auslösen oder aufrechterhalten, sog. *Ursachenhypothesen.* Zweitens geht es um Motive, Ziele, Zwecke oder Absichten von Verhalten und damit
um sog. *Zielhypothesen.* Und drittens spricht man von *Bedeutungshypothesen,*
wenn es um die Bewertung von Handlungen und Ereignissen geht, die Verknüp-
fung von Beobachtungen oder die subjektive Sinngebung für Ereignisse (Tietze,
2020, 171).

Die Fall gebende Person selbst prüft den Wert der seitens der Beraterinnen
in der Gruppe geäußerten Fragen und Hypothesen zum Fall auf Relevanz, Stim-
migkeit und Lösungsorientierung. Nur sie kann evaluieren, ob eine Frage oder
Hypothese sie zur Lösung ihres Problems führt. Aus diesem Grund haben Fragen wie auch Hypothesen in der Intervision Interventionscharakter. Beispiele für
die Fragenentwicklung und die Hypothesenbildung werden in der nachfolgenden
Tab. 4.1 als Intervisionsmethoden in das Integrierte Intervisionsmodell eingeord-
net. Damit die Methodendarstellung einen guten Überblick bringt, wird jeder
Phase der Intervision eine eigene Teiltabelle (4.1 bis 4.7) zugeordnet.

Mit der Methodendarstellung in den folgenden Tabellen verbindet sich kein
Anspruch auf Vollständigkeit. Das aufgezeigte Methodenrepertoire soll als Mate-
rial für die Adaption in Schreibmethoden für die spätere Schreibwerkstattplanung
dienen. Von der Problem- oder Falldarstellung bis zur Lösung gibt es meistens
keinen einfachen, geraden oder kurzen Weg. Insbesondere die Phasen Problemdarstellung, -analyse, -präzisierung und -lösung zeigen, dass Intervision sehr
kleinschrittig mit Fragen und Hypothesen arbeitet. Die in Teiltabellen 4.1– 4.7
dargestellten Methoden sind in der Regel als Alternativen zu verstehen und können je nach Anliegen einzeln, kombiniert und auch wiederholt genutzt werden,
um ein Problem einer Lösung näher zu bringen.

Tab. 4.1 Intervisionsschritt 1 – Einführung

Phaseninhalt	Intervisionsmethoden und Leitfragen (Auswahl)
Einführung und Erhebung der aktuellen Anliegen in der Gruppe	• *Skizzierung eines Situationsbildes* für ein Anliegen (Schmid et al. 2019, 38): Was ist mein Anliegen oder Problem? Wie kann ich es visualisieren? • *Partnerinterview/Hebammengespräch* (Lippmann 2013, 85): Welches Anliegen bringst du heute mit in die Gruppe und wie stellt es sich dar? *Resonanzrunde* (Tietze, 2020, 134): Was löst eine Fallerzählung in der Gruppe an inneren Reaktionen aus? • *Sharing* (Tietze, 2020, 139): An welche eigene Erfahrung erinnern die angesprochenen Anliegen der anderen Gruppenmitglieder?

Tab. 4.2 Intervisionsschritt 2 – Rollenübernahme

Phaseninhalt	Intervisionsmethoden und Leitfragen (Auswahl)
Rollenvereinbarungen und Übernahme der vier Grundrollen Fallgeberin, Moderatorin, Beraterin und Beobachterin (ggf. Dopplungen bei n > 4) für die aktuelle Sitzung	• *Imaginäre Skala zur (stillen) Fallauswahl* (Lippmann, 2013, 87): Wie wichtig ist mir heute die Besprechung meines Anliegens auf einer Skala von 0–100? (Die höchste Zahl führt zur Auswahl des Falls.) • *Interessensabfrage (Lippmann 2013, 87):* Welcher geschilderte Fall interessiert die Gruppenmitglieder am meisten? • *Rollenverteilung* (Schmid et al., 2019, 38): Wer will in welcher Funktion die Fallbearbeitung begleiten? Ggf. ähnliche Erfahrungen oder spezielle Ressourcen nutzen • *Moderatorin, Beraterinnen und Beobachterinnen* ggf. per Los zuordnen und Karteikarten mit Rollenaufgaben/-skizzen sowie Beobachtungsformulare verteilen

Tab. 4.3 Intervisionsschritt 3 – Problemdarstellung

Phaseninhalt	Intervisionsmethoden und Leitfragen (Auswahl)
Differenzierte Darstellung des ausgewählten Anliegens durch Fallgeberin und Nachfragen der Beraterinnen	• *Fragen zur Situationsschilderung* (Schmid et al., 2019, 39): Wie erlebe ich die Situation? Welche Rolle habe ich? Was sind meine Ziele und Wünsche? Was sind meine Gedanken und Gefühle? Was ist bisher geschehen? Was wurde bisher zur Problemlösung getan? • *Problembild Fallgeberin* (Schmid et al., 2019, 38): Welche Metapher, welche Analogie, welches Symbol gibt es für das Anliegen?

Tab. 4.4 Intervisionsschritt 4 – Problemanalyse

Phaseninhalt	Intervisionsmethoden und Leitfragen (Auswahl)
Situationsanalyse, Fragen und Hypothesen zum Problem durch die Beraterinnen	• *Auftauchende Bilder/Assoziationen* (Schlee, 2019, 105): Welche Erinnerungen, Gedanken, Bilder, Phantasien löst das Problem in der Gruppe nach der Detaildarstellung aus? • *Affirming* (Schmid et al., 2019, 63): Welche Schritte zur Problemlösung sind schon geschafft, werden aber nicht gesehen? Was rührt mich als Beraterin am Gehörten? • *Kopfstandbrainstorming* (Tietze, 2020, 122): Wie könnte man die Situation verschlimmern? • *Relativierungen durchdenken* (Schlee, 2019, 106): Was wäre schlimmer als das, was berichtet wurde? • *Eigene Anteile klären* (Schlee, 2019, 107): Was sind die eigenen Anteile der Fall gebenden Person am Problem? • *Aufrechterhaltung des Problems* (Schlee, 2019, 107): Was könnte ungewollt zur Problemaufrechterhaltung beitragen? • *Hemmende Faktoren (gewichten)* (Hendriksen & Huizing, 2020, 20): Welche Faktoren hemmen die Problemlösung und wie ist jeder Faktor auf einer Skala von 0–10 zu gewichten? • *6 Fragen stellen* (Schlee, 2019, 109): Was fühlst Du (jetzt)? Was willst Du (jetzt)? Was tust Du (jetzt)? Was vermeidest Du (jetzt)? Was erwartest Du (jetzt)? Was befürchtest Du (jetzt)? (Vergleich zu Schritt 3 auswerten)

Tab. 4.5 Intervisionsschritt 5 – Problempräzisierung

Phaseninhalt	Intervisionsmethoden und Leitfragen (Auswahl)
Verdichtende Fragen und Reaktion auf Fragen und Prüfung bzw. Priorisierung der Hypothesen durch Fallgeberin	• *Zwei wichtige Informationen* (Tietze, 2020, 149): Was sind die zwei wichtigsten Informationen zum Problem? • *Schlüsselfrage finden* (Tietze, 2020, 144): Was könnte die Schlüsselfrage für das Problem sein? • *Ambivalenzen nachspüren* (Schlee, 2019, 107): Was von dem Problem möchte jemand loslassen, was möchte jemand davon behalten? • *Den heimlichen Gewinn klär*en (Schlee, 2019, 110): Worin könnte in dem Problem für Dich ein Gewinn stecken? • *Ausnahmen* (Schmid et al., 2019, 60): Tritt das Problem immer auf? • *Hypothesen formulieren* (Lippmann, 117 ff.): • Könnte es sein, dass a mit b zusammenhängt? Könnte es sein, dass a die Ursache für b ist? Findet b immer statt, wenn a gegeben ist? Könnte a das Auftreten von b verstärken? Könnte a vielleicht b anzielen? Könnte eventuell a so etwas bedeuten wie b? *Neuformulierung der Frage* (Hendriksen & Huizing, 2020, 15): Möchte die Fall gebende Person ihr Anliegen umformulieren, das Problem reformulieren?

Tab. 4.6 Intervisionsschritt 6 – Problemlösung

Phaseninhalt	Intervisionsmethoden und Leitfragen (Auswahl)
Erarbeitung von Lösungen (Beraterinnen) und Bewertung der Lösungsideen durch die Fallgeberin und ggf. Entscheidung	• *Brain-/Actstorming* (Tietze, 2020, 118): Was könnte man in einer solchen Situation alles tun? • *Ein erster kleiner Schritt* (Tietze, 2020, 126): Was könnte ein kleiner Schritt zur Lösung sein? • *Paradoxe Frage* (Lippmann, 2013, 116): Du hast bisher die Situation bewundernswert getragen. Wie hast Du das nur gemacht? • *Problem-Nichtexistenz* (Schlee, 2019, 114): Was wäre in Dir und für dich anders, wenn es das Problem nicht gäbe? • *Angstfreiheit* (Schlee, 2019, 114): Was würdest Du tun, wenn Du völlig angstfrei wärest? • *Hypothetische Lösungen* (Schmid et al., 2019, 60): Angenommen, Du würdest a oder b oder gar nichts tun, was würde geschehen? • *Dissoziierende Fragen* (Lippmann, 2013, 114): Wie würde denn ein völlig Unbeteiligter Dein Problem schildern oder handhaben? Was würde Dein bester Kollege Dir raten? • *Hypothetische Fragen* (Lippmann, 2013, 112 ff.): Wie würdest Du Dich verhalten, wenn Dein Problem gelöst ist? Was denkst Du, würde Dein Umfeld dann tun? Was würde das wiederum auslösen? Bei Dir? Bei anderen? • *Zirkuläre Fragen* (Schmid et al., 2019, 61): Angenommen, ich würde Person X fragen, wie würde sie das Problem sehen? • *Ressourcenorientierte Fragen* (Schmid et al., 2019, 61): Was hat dazu beigetragen, dass es nicht längst viel schlimmer geworden ist? • *Vier lösungsorientierte Fragen* (Hendriksen & Huizing, 2020, 13): Was soll anders werden? Was läuft gut? Wenn es gut läuft, was hat sich dann geändert? Was sind die ersten Schritte zur Problemlösung? • *Wunderfrage* (Lippmann, 2013, 107): Über Nacht ist ein Wunder geschehen, Dein Problem ist gelöst. Wie wirst Du entdecken, dass das Wunder passiert ist? Woran merken andere Personen, dass das Wunder geschehen ist und Dein Problem gelöst ist?

Tab. 4.7 Intervisionsschritt 7 – Prozessreflexion

Phaseninhalt	Intervisionsmethoden und Leitfragen (Auswahl)
Reflexion der Intervisionssitzung durch Beobachtungsergebnisse, gegenseitiges Feedback sowie Ergebnissicherung	• *Prozessreflexion* (Schmid et al., 2019, 45): Wie ist das Ergebnis der Problemlösung zu bewerten? Wie wurde der Gruppenprozess erlebt? Wie haben welche Methoden funktioniert? Welche Beobachtungen zu welchen Rollen und zum Prozess wurden gemacht? Welche Schlussfolgerungen, Arbeitsaufträge oder sich anschließende Anliegen für die Intervision können identifiziert werden? • *Blitzlicht* (Lippmann, 2013, 59): Was empfinden die Gruppenmitglieder im Moment, was nehmen sie wahr, was wünschen sie sich? • *Stimmungsbarometer oder Skalierung* (Lippmann, 2013, 60): Wie gut oder schlecht auf einer Skala X bis Y ist die Stimmung der Gruppe, die Zufriedenheit mit den Ergebnissen etc.?

Fazit und Schlussfolgerung: Es kann gesagt werden, dass Intervision ein großes Methodenrepertoire bietet, das insbesondere mittels Fragen und Hypothesen zu einem Problem die Reflexion des beruflichen Handelns anregen und unterstützen kann. Die Methoden lassen sich relativ gut den Phasen des zuvor entwickelten Integrierten Intervisionsmodells zuordnen, sodass eine Basis für die Adaption der Intervisionsmethoden in Schreibmethoden geschaffen ist. Die Eignung der Methoden für die verschiedenen Themenfelder der Reflexion, die zuvor identifiziert wurden, wird erst im Gestaltungsteil dieses Buches geprüft. Im Sinne des eingangs geschilderten Benchmarking-Ansatzes geht es im Folgenden zunächst um die Frage, welche methodischen Vorgehensweisen aus den Tabellen für die Intervision der schreibpädagogischen Praxis adaptierbar sind. Die Adaption in Schreibmethoden bringt die Frage mit sich, wie der Begriff Schreibmethode zu verstehen ist. Daher beschäftigt sich das nächste Kapitel zunächst mit der Klärung dieses Begriffs und der Beantwortung der Frage, warum eine schriftliche Reflexion in einer Schreibgruppe für das berufliche Handeln von Schreibpädagoginnen als ein sinnvolles Vorgehen verstanden werden kann.

4.3   Methoden im Biografischen und Kreativen Schreiben

In Kap. 2 wurde bereits kurz skizziert, was unter *Kreativem Schreiben* zu verstehen ist. Es wurde auf den spielerisch-ästhetischen Charakter und die häufig auch biografisch orientierte Schreibausrichtung verwiesen (Mischon, 2019, 5). Es wurde auch dargestellt, dass Biografisches und Kreatives Schreiben hilft, der eigenen Innenwelt Ausdruck zu geben. Von Werder (2017, 172) führt hierzu aus: „Kreatives Schreiben lockt die sprachliche Spontaneität hervor. Es stimuliert das Fließenlassen der Gedanken, erforscht die Innenwelt, die Spielgesetze der Sprache und verarbeitet die Außenwelt. Kreatives Schreiben vermittelt den Mut, sich dem Fremden auszusetzen und Grenzen zu überschreiten." In der schreibpädagogischen Auffassung von Rechenberg-Winter und Haußmann (2015, 28) ist Kreatives Schreiben eine „Selbsterweiterung im Spiel mit (…) literarischen Formen" und „vermittelt Freude an der Selbstbegegnung und des sich selbst Überraschens". Im Spiel mit Sprache und Text führt Kreatives Schreiben auch

zur Selbsterkenntnis und Selbsterfahrung (von Werder, 2017, 19). Der Schreibprozess hat eine Konfrontation mit dem eigenen Selbst zur Folge, Erinnerungen
können lebendig werden und es kommt zum Kontakt mit Konflikten und Potenzialen. Schreiben stößt außerdem Erkenntnisprozesse an, die aus Erfahrungen mit
sich selbst in der schreibenden Reflexion entstehen und entlastenden Charakter
haben können.

Nun stellt sich die Frage, wie dies methodisch erreicht wird. Die Fachlite-
ratur zum Biografischen und Kreativen Schreiben weist eine große Fülle von
Methoden auf (vgl. z. B. Girgensohn & Jakob, 2010; Heimes, 2015; Rechenberg-
Winter & Haußmann, 2015; Haußmann, 2017; von Werder, 2017; Alers, 2018;
Leiss, 2019; Gräßer et al., 2020; Unterholzer, 2021). Die methodischen Anleitungen zum Schreiben weisen außerdem unterschiedliche Komplexitätsgrade auf.
Es gibt Anleitungen mit ein oder zwei Zeilen Länge, andere regen mit einer
deutlich längeren Textpassage zum Schreiben an. Für diese Schreibanleitungen
werden in der Literatur die Begriffe Schreibmethode, Schreibimpuls, Schreib-
übung, -aufgabe oder -anregung recht uneinheitlich verwendet. Daher ist es nicht
eindeutig, was genau eine Schreibmethode ist und muss für den Rahmen dieses
Buches bestimmt werden.

Schreibmethoden, verstanden als Handlungsanleitungen für das Schreiben, setzen sich häufig aus drei verschiedenen Teilen zusammen (Femers-Koch, 2021,
38): aus Instruktionen, aus der Fokussierung auf kognitive Prozesse, die durch
die Instruktionen angeregt werden, und vielfach auch noch aus der Angabe der
Textsorte, die das Schreiben anleiten soll:

- *Instruktionen:* sind zu verstehen als Hinweise darauf, was schreibend getan
  werden soll. Dafür wird häufig der Begriff Schreibimpuls genutzt. Diese
  Impulse sollen innere Prozesse beim Schreiben anregen, die dann als Resultat
  einen Text ergeben.
- *Prozesse:* sind unterschiedliche kognitive Aktivitäten, die sich vor dem Schreiben oder beim Schreiben entwickeln sollen. Mögliche Prozessqualitäten sind
  z. B. Nachdenken, Überlegen, Planen, Visualisieren, Konkretisieren, Imaginie-
  ren, Assoziieren, einer Sache nachspüren, in sich hineinhören, etwas Inneres
  externalisieren, ein Gedankenspiel anstellen, gedanklich etwas suchen, sich
  etwas bewusst machen, vergegenwärtigen, bewerten oder ordnen.
- *Textsorten:* Unter einem Text versteht Fix (2008, 15) „eine über den Satz
  hinausgehende, abgeschlossene, thematisch gebundene, sinnvolle sprachliche
  Einheit". Den Sinn beschreibt Adamzik (2010, 33) näher: „Der Terminus
  ́Text ́ bezeichnet eine begrenzte Folge von sprachlichen Zeichen, die in

sich kohärent ist und die als Ganzes eine erkennbare kommunikative Funktion signalisiert." Als Funktion kann die Ausdrucksfunktion im Sinne einer Selbstoffenbarung gemeint sein, es können aber auch viele andere Funktionen realisiert werden. So hat ein Vertrag eine Obligatsfunktion, eine Predigt eine Appellfunktion oder ein Beipackzettel eine Warnfunktion. Texte haben also ein Thema und eine Kommunikationsfunktion. Die Textsorte ist zum einen durch die Funktion bestimmt (z. B. hat die Textsorte Bittschreiben eine Appellfunktion) und zum anderen durch seine innere Struktur.

Ein Beispiel für eine methodische Schreibanleitung, die alle drei Komponenten nutzt, könnte wie folgt aussehen: *(Instruktion)* Denke einmal an die letzte Begegnung mit Deiner Klientin und spüre nach *(Prozess),* was genau an ihrem Verhalten Dich so wütend gemacht hat. Schreibe dann ein Protestschreiben *(Textsorte),* in dem Du Dich über ihr Verhalten empörst!

Weiter oben wurden bereits einige Effekte angesprochen, die Kreatives Schreiben haben kann. Wenn im Intervisionssetting für die schreibpädagogische Praxis durch Schreiben ein geeigneter Raum für die Reflexion beruflichen Handelns eröffnet werden soll, muss Schreiben besondere Effekte haben, die den Aufwand der Adaption von Intervisionsmethoden und Schreibmethoden rechtfertigen. Positive Effekte des Schreibens lassen sich durchaus nachweisen. Als Meilenstein der Schreibforschung ist sicherlich Silke Heimes (2012) Werk über die Wirksamkeitsnachweise zu werten. Dass Schreiben in vieler Hinsicht wirksam ist, konnte die Schreibforscherin nämlich überzeugend nachweisen. Die einzelnen Wirkfaktoren sind in der Tab. 4.8 wiedergegeben.

Die genannten Wirkfaktoren lassen Schreiben als ideales Mittel für die Intervision bzw. die Reflexion beruflichen Handelns erscheinen. Heimes (2021, 192) glaubt, Schreiben führe „zu einem neuen, erweiterten Blick", es werden verschiedene Phasen der Reflexion durchlaufen: „Gedanken und Gefühle werden so lange im Innern bewahrt, dass sie in Worte gefasst werden können. In der Weise, in der die einzelnen Phasen verschiedene Reflexions- und Distanzierungsgrade ermöglichen, kann sich durch die verschiedenen aufeinanderfolgenden Schritte Klarheit einstellen. Zudem bietet das Papier einen Schutzraum, in dem experimentelles Denken und Handeln möglich ist."

Nach Alers (2020, 105) basieren die Instrumente zur Reflexion der pädagogischen Berufspraxis so gut wie ausschließlich auf Mündlichkeit. *Schreib*basierte Reflexion hat aber besondere Eigenheiten, die den Reflexionsprozess unterstützen können. Auf die Frage „Warum schriftlich reflektieren?" hat Alers gleich mehrere Antworten: „Das schreibbasierte Reflektieren erlaubt erstens, sich über den Dialog mit sich selbst einstellenden Perspektivwechseln in Distanz zu gehen und

Tab. 4.8 Kreatives Schreiben und korrespondierende Wirkfaktoren nach Heimes (2012, 58 ff.)

Wirkung kreativen bzw. poesietherapeutischen Schreibens[1]	Zugeordnete Wirkfaktoren
Emotionsregulation	Gefühle zu regulieren wird unterstützt durch die Selbstoffenbarung beim Schreiben und die korrespondierende Möglichkeit zur Verarbeitung belastender Erlebnisse.
Selbstwirksamkeit	Schreiben hilft, sich die eigenen Ressourcen bewusst zu machen sowie die eigenen Kognitionen, Wahrnehmungen und Bewertungen zu vergegenwärtigen. Dies kann kognitive Einsicht und Neubewertung von Situationen fördern. Auch Kohärenzerleben wird durch Schreiben gefördert, d. h. die Überzeugung, dass Dinge im Leben bewältigt werden können. Die Bewältigung von Herausforderungen kann dann in der schreibenden Reflexion das Selbstkonzept stärken.
Soziale Integration	Die Nutzung von Sprache ermöglicht soziale Teilhabe. In der Schreibgruppe kann soziale Unterstützung erlebt und die Kommunikation mit anderen Menschen gefördert werden.

genauer hinzuschauen (...)." (Alers, 2020, 108) Und so Alers (2020, 108) weiter: „Schreibbasiert reflektiert werden sollte zweitens, weil wir beim Schreiben als verlangsamtem Sprechakt allmählich unsere Gedanken verfertigen, weil wir schreibend denken, Lösungen finden, implizites Wissen explizit machen, Wissen generieren, um dieses Wissen wiederum zur Metakognition und dem Dialog zugänglich zu machen." Letzteres verweist auf die Fortsetzung der Reflexion im interpersonalen Kontext. Diesen kann ein Intervisionssetting bieten. Als dritten Grund für schreibbasierte Reflexion beruflichen Handelns nennt Alers (2020, 109) noch, dass es „Menschen dazu verhelfen [kann,] ein vertieftes Verständnis des Denkens und Handelns (...) zu erlangen". Der vierte und letzte Grund

---

[1] Heimes (2012, 18) definiert: „Unter Poesietherapie kann jedes therapeutische und (selbst-) analytische Verfahren verstanden werden, das durch Schreiben und Lesen den subjektiven Zustand eines Individuums zu bessern sucht und das (auto-)biographisches (...), kreatives [und] therapeutisches (...) Schreiben ebenso umfasst wie die aktive Textrezeption und -verarbeitung." Die Definition verdeutlicht, dass die Grenzen zwischen Schreibpädagogik und -therapie fließend sind.

für schreibbasierte Reflexion verweist wieder auf den interpersonalen Kontext: Sprachlichkeit und Schriftlichkeit machen die Reflexion der Kommunikation zugänglich (Alers, 2020, 109).

Verschiedene Autorinnen haben im Schreiben schon eine „Copingstrategie" für Belastungen im Beruf beschrieben (vgl. z. B. Jagusch, 2013, 8 ff.). So sehen Peters und Zegenhagen (2021, 202 f.) im Schreiben gegen Belastungen in der schreibpädagogischen Praxis eine große Chance der biografischen Selbstreflexion und autobiografisches Schreiben „vor allem als Werkzeug des Selbstcoachings". Denn wer schreibpädagogisch tätig ist, muss viele negative Gefühle wie Zweifel, Angst und Hilflosigkeit aufseiten der Klientinnen aushalten, mit den vielfältigen und oft überfordernden Erwartungen an die eigene Berufsrolle klarkommen und sich vor Ermüdung schützen. Autobiografisches Schreiben hat, bezogen auf diese Belastungen, ein hohes reflexives Potenzial (Peters & Zegenhagen, 2021, 204 f.). Schreiben unterstützt die Wahrnehmung von Belastungen, den Perspektivwechsel, um Distanz zu gewinnen, und die Fokussierung von eigenen Ressourcen, um für das Berufsleben „aufzutanken" und aktiv und kontinuierlich für sich zu sorgen. Diese Wirkungen stellen sich am besten ein, wenn regelmäßig und auch über einen längeren Zeitraum geschrieben wird. Haußmann (2017, 13) verweist im Kontext von Coping auch auf die ressourcenfördernden Eigenschaften des Schreibens: „Kreatives Schreiben ist ein wissenschaftlich fundiertes Instrument zur Entfaltung einer individuellen Kraft, die jeder von uns beherbergt und die uns zu Architekten unseres eigene Lebens macht." Für die Intervision korrespondiert diese Eigenschaft mit der der Autonomie und Souveränität im beruflichen Handeln: die Architektin des eigenen schreibpädagogischen Handelns als *Ziel von Intervision*. Dies kann Schreiben als ressourcenbildendes Instrument zur (Wieder-)Entdeckung von Möglichkeiten und „Regenerationspool" stützen, denn Haußmann (2017, 58) schreibt: „Kreatives Schreiben ist das Transportmittel für neu gewonnene Energie zur Wandlung."

Auch Behrendt und Kreitz (2021, 14) formulieren eine ganze Reihe von positiven Aspekten speziell autobiografischen (und auch therapeutischen) Schreibens für Schreibberater/innen: Es befähigt sie zur Selbstfürsorge und Selbstwertschätzung, hilft, „mit Stress, Erschöpfung und emotionaler Belastung im Berufsalltag umzugehen", öffnet „den Zugang zu Gefühlen und Gedanken, die in belastenden Situationen entstehen, und erlaubt, diese zu beschreiben und zu deuten". Durch Schreiben wird die Distanz von beruflichen Belastungen im Sinne einer Selbstfürsorge möglich. Mundorf (2021, 178) hält den sozialen Kontext für das Gelingen von Reflexion als Professionalisierungsmethode für hochrelevant: „Reflexion ist angewiesen auf den Austausch, die Anleitung und Begleitung." Daher empfiehlt sie Feedbackprozesse auf Peer- und kollegialer Ebene, am besten in begleitenden

Reflexionsteams über längere Zeit: „Der regelmäßige Austausch in Reflexionsteams [kann] über einen längeren Zeitraum als zentraler Baustein [verstanden] werden, der die persönliche und fachliche Entwicklung unterstützt." (Mundorf, 2021, 178) Die besonderen Vorteile des Schreibens in der Gruppe betont auch Vopel (2014, 19 f.): Ist Vertraulichkeit sichergestellt, können sich Vertrauen und ein Gemeinschaftsgefühl einstellen und die Gruppe kann als sicherer Ort erlebt werden, an dem intime Erlebnisse, Ängste, Wünsche und Gedanken geteilt werden können. Auch schwierige Erinnerungen haben hier einen sicheren Ort. Die „Leistung" der Gruppe beschreibt Vopel (2014, 19) wie folgt: „Die Gruppe ist ein Resonanzboden für die Stimme des Herzens."

Fazit und Schlussfolgerung: Es kann gefolgert werden, dass es eine Vielfalt von Schreibmethoden gibt, die mit Instruktionen für Schreibende kognitive Prozesse anregen, deren Resultate Texte aller Art sind. Für Kreatives Schreiben gibt es vielfältige Wirksamkeitsnachweise. Die Effekte des Schreibens liegen in der Unterstützung der Auseinandersetzung einer Person mit sich selbst und ihrer subjektiven Wahrnehmung der sozialen Welt. Dieser reflexive Prozess kann die Auseinandersetzung mit der eigenen Berufsrolle in der Intervision unterstützen. Vieles spricht dafür, dass insbesondere Schreiben in der Gruppe gut geeignet ist, die Intervisionsziele in der schreibpädagogischen Praxis zu erreichen. Um in der Intervision einen Reflexionsraum, d. h. eine Reflexion im und durch Schreiben zu eröffnen, müssen die Intervisionsmethoden in das Medium Schreiben übertragen bzw. adaptiert werden. Dies erfolgt im nächsten Kapitel.

4.4   Adaption von Intervisionsmethoden für das Schreiben

Mit dem Screening von Intervisionsmethoden und der dann folgenden Adaption ins Medium Schreiben wird ein Benchmarking-Ansatz verfolgt: Wie in Kap. 1 beschrieben, bedeutet dies, von bekannten Tools, Prozessen oder Methoden im Sinne von „Best Practices" für den eigenen Kontext zu lernen (Zerfass & Volk, 2019, 45). Im hier betrachteten Kontext werden Methoden der reflexiven Betrachtung aus Intervisionsansätzen im psychosozialen Berufsfeld als „Best Practices" betrachtet, um daraus Leistungspotenziale für vergleichbare Reflexionsprozesse für die schreibpädagogische Praxis abzuleiten. Zusätzlich soll eine Anpassung von mündlichen Prozessen in der Intervisionspraxis in dem einen Bereich in den schriftlichen Prozess in dem anderen Bereich erfolgen.

„Adaptare" (lateinisch) bedeutet „anpassen", was hier im Sinne des Übersetzens oder Übertragens gemeint ist. Aber die Schriftlichkeit meint hier noch mehr als reine Übertragung, sie ist eine spezifische Anpassung mit Mehrwert, denn: Kreatives Schreiben wäre nicht kreativ, wenn nicht die Fähigkeit, Neues zu entwickeln, schöpferisch tätig zu sein, in dieser Übersetzung bzw. Adaption angestrebt würde. Jede Intervisionsmethode hat ein Prozessziel und dieses Prozessziel kann dem schöpferischen Prozess eine Richtung geben. In Tab. 4.1-4.7 ist ein Repertoire von Intervisionsmethoden aufgeführt, deren inhärente Prozessziele Visualisieren, Konzentrieren, Fokussieren lauten, die einen Perspektivwechsel oder einen Umkehrschluss zum Ziel haben oder Ähnliches mehr. Wie nun solche Adaptionen in das Medium Schreiben konkret aussehen können, die diese Transformationen leisten, zeigt Tab. 4.9, in der für jede Phase des Integrierten Prozessmodells der Intervision beispielhaft eine Intervisionsmethode zur Illustration in einen Schreibimpuls übertragen wird.

Nachdem die Intervisionsmethoden sowie die Adaption bzw. Transformation ins Kreative Schreiben aufgezeigt wurden, fehlen noch die „Requisiten", die in der Intervision oft genutzt werden. Darunter sind Objekte zu verstehen, die der Visualisierung und Externalisierung dienen. In der systemischen Denkweise können z. B. Holzfiguren oder andere Gegenstände (Münzen, Knöpfe bzw. Alltagsgegenstände wie Büroklammern, Geschirr und Stifte) oder auch rein symbolische Hilfsmittel genutzt werden, um Akteure in einem System, d. h. hier: in ihrem Problemkontext, in ihrer Position aufzuzeigen und ihre Eigenschaften und Handlungsweisen zu verdeutlichen. Die Fallgeberin kann sich selbst auf diese Weise als Figur in ihrem wahrgenommenen Systemzusammenhang aufstellen und in Bezug auf andere Objekte aus dem Requisitenkasten positionieren. Situationen, die als Probehandeln für mögliche Problemlösungen im Sinne einer Improvisation exploriert werden, setzen ebenfalls auf die Inszenierung mit Gegenständen.

Diese gibt es in unterschiedlichen Größen, Farben und Ausführungen, und zusammen mit den gewählten Distanzen zwischen den Objekten werden vielfältige Differenzierungsmöglichkeiten für die oben geschilderten Intervisionsprozesse bereitgestellt (Lippmann, 2013, 95). In ähnlicher Weise werden auch sog. Metapher-Tiere wie Adler, Ameise oder Stier (Lippmann, 2013, 97 ff.) genutzt, um symbolisch Problembilder zu verdichten und über Analogieschlüsse zu wichtigen Fragen, Hypothesen und schließlich Problemlösungen zu kommen. Um unterschiedliche soziale Problemperspektiven zu verdeutlichen, können auch Rollen symbolisch genutzt werden, die alle kennen, wie z. B. Experten, Hofnarren oder auch Superwomen.

Tab. 4.9 Adaption von Intervisionsmethoden und Schreibmethoden

Intervisionsphase	Intervisionsmethode (Bsp.)	Schreibmethode mit Instruktion, Prozess- und Textanleitung (zur Illustration, ausgewählte, mögliche Beispiele)
1. Einführung	*Sharing:* An welche eigene Erfahrung erinnern die angesprochenen Anliegen der anderen Gruppenmitglieder?	*Schreibimpuls für Beraterinnen:* Gerade haben wir gehört, dass in der Schreibberatung Deiner Kollegin der Klient die Strippen zieht. Kennst Du das Gefühl auch, dass nicht Du als Schreibpädagogin die Fäden in der Hand hast, sondern Du Dich von anderen fremdbestimmt fühlst? Schreibe 5 min einen *freien Text* über das Gefühl, fremdbestimmt zu sein. Was nimmst Du wahr, wenn Du Dich fremdbestimmt fühlst? Beschreibe das *mit all Deinen Sinnen.*
2. Rollenübernahme	*Rollenverteilung:* Wer will in welcher Funktion die Fallbearbeitung begleiten u. Erfahrungen/Ressourcen nutzen?	*Schreibimpuls für alle Gruppenmitglieder:* Es gibt drei Stellen, auf die Du Dich als Intervisionsexpertin bewerben kannst: Moderatorin, Beraterin und Beobachterin. Überlege, worin Deine Stärken als Kollegin bestehen. Was kannst Du besonders gut? Für welche Stelle bist Du die richtige Bewerberin? Lobe Dich in höchsten Tönen. Schreibe ein *Bewerbungsschreiben* von 1–2 Seiten. Du hast 10 min Schreibzeit.
3. Problemdarstellung	*Problembild:* Welche Metapher, welche Analogie oder welches Symbol gibt es für das Anliegen?	*Schreibimpuls für Fallgeberin:* Wenn wir Probleme im Leben haben, zeigen uns Bilder manchmal sehr gut, was uns bedrückt. Es kann sein, dass sich die Situation wie ein Erdrutsch ausmacht, wie verbrannte Erde nach einer Feuersbrunst oder wie eine ausgedörrte Landschaft, eine Wüste. Wie sieht Deine persönliche Problemlandschaft aus? Texte Deine *Landschaftsbeschreibung* in 10 min.

(Fortsetzung)

Tab. 4.9 (Fortsetzung)

Intervisionsphase	Intervisionsmethode (Bsp.)	Schreibmethode mit Instruktion, Prozess- und Textanleitung (zur Illustration, ausgewählte, mögliche Beispiele)
4. Problem-analyse	*Ambivalenzen nachspüren:* Was von dem Problem möchte jemand loslassen, was möchte jemand davon behalten?	*Schreibimpuls für Beobachterin:* Du verfolgst jetzt still die Problemdiskussion in der Gruppe. Hast Du den Eindruck, dass die Fallgeberin das Problem ganz sicher lösen will? Oder hält sie es auch an einem oder mehreren Zipfeln fest? Schreibe ein *Beobachtungsprotokoll* über Deine Eindrücke! Was hast Du gesehen und gehört? Worin deutet sich Ambivalenz an? Schreibe 10 min, fahnde nach Details! Jede Deiner Beobachtungen ist wertvoll.
5. Problem-präzisierung	*Den heimlichen Gewinn erklären:* Worin könnte in dem Problem für Dich ein Gewinn stecken?	*Schreibimpuls für Fallgeberin:* Probleme haben Nebenwirkungen. Uns fallen meistens die negativen auf. Aber Probleme können auch positive Nebenwirkungen haben. Horche einmal in Dich hinein. Kann es sein, dass in Deinem Problem auch ein kleiner Gewinn für Dich stecken könnte? Welcher Gewinn könnte das sein? Schreibe einen *Beipackzettel* für Dein Problem in 10 min, in dem Du die positiven Nebenwirkungen aufführst.
6. Problemlösung	*Angstfreiheit:* Was würdest Du tun, wenn Du völlig angstfrei wärest?	*Schreibimpuls für Fallgeberin:* Stell Dir vor, Du hast gar keine Angst. Sie ist einfach verschwunden. Was würdest Du tun, um das Problem zu bekämpfen? Denke für die nächsten 10 min, Du bist Heldin und hast alle Kraft der Welt. Schreibe Deine *Heldinnengeschichte* darüber auf, wie Du Dein Problem besiegt hast. Schreibe 10 min.

(Fortsetzung)

Tab. 4.9 (Fortsetzung)

Intervisionsphase	Intervisionsmethode (Bsp.)	Schreibmethode mit Instruktion, Prozess- und Textanleitung (zur Illustration, ausgewählte, mögliche Beispiele)		
7. Prozess-reflexion	*Blitzlicht:* Was empfinden die Gruppenmitglieder im Moment, was nehmen sie wahr, was wünschen sie sich?	*Schreibimpuls für alle Gruppenmitglieder:* Hinter uns liegt ein lebendiger Austausch. Zum Abschluss wollen wir in Worte fassen, was uns jetzt bewegt, was wir wahrnehmen, fühlen, was wir uns jetzt wünschen. Statt vieler Worte machen wir ganz wenige und verfassen ein japanisches Gedicht, ein Haiku, zu unserer Stimmung in 5 min. Folge der Anleitung:		
		Zeile	Silben	Inhalt
		1	5	Ein Objekt, eine Empfindung oder ein Gefühl
		2	7	Eine konkrete Situation oder ein Geschehen
		3	5	Unerwartete, überraschende Wendung

Mit der Umwandlung von Intervisionsmethoden in Schreibimpulse verbindet sich eine Herausforderung für die Gestaltung der Intervisionssitzungen mit schreibbasierten Methoden: Schreiben dauert länger als der Austausch in der Intervision mit herkömmlichen Methoden. Insbesondere, wenn eine Rolleninhaberin, z. B. die Fallgeberin, alleine einen Schreibimpuls umsetzt, stellt sich die Frage: Was machen die anderen Gruppenmitglieder in dieser Zeit? Das Gestaltungskonzept muss für diese Frage prozessdienliche Antworten im Kontext konkreter Sitzungsschritte geben.

Für das geplante Schreibgruppenkonzept für die Kollegiale Beratung wird als *kreative Leitidee* auf *Marionettenpuppen* gesetzt. Die Puppen sind in der Intervision *als symbolische Hilfsmittel* auf der (Improvisations-)Bühne zu verstehen. Sie werden in ihrer Ausstattung textlich veranschaulicht und treten in Szenen auf, die in Texten beschrieben werden. Marionetten können für alle Rollen in der Intervisionsgruppe, die der Fallgeberin, der Beraterin, der Beobachterin und auch der Moderatorin genutzt werden. Diese Inszenierungstechnik soll das Problem, das in einer Sitzung dargestellt und bearbeitet wird, mittels symbolischer Figuren bestmöglich lösen. Die Puppen sind als Ressourcen für die Visualisierung und Externalisierung zu verstehen und sollen die kognitiven und emotionalen Prozesse im Intervisionsgeschehen unterstützen. Allerdings darf dieser Ansatz auch nicht überstrapaziert werden und dadurch ggf. seine Wirkung verlieren. Mit der Nutzung dieser symbolischen Requisiten ist nicht verbunden, dass diese als physische Objekte anwesend sind, sie sollen *nur in der Phantasie der Teilnehmenden* ihren Platz im Reflexionsraum haben. Wenn sie für die Intervision eingesetzt werden und Rollen im Schreibprozess übernehmen, hat dies Auswirkungen auf die Art des kreativen Schreibens: *Es soll an den „Einsatzorten" der Puppen nämlich „szenisch" geschrieben werden.* Fragen als wesentliche Mittel in der Intervision werden dann übersetzt zu Aufforderungen, etwas szenisch (schreibend) darzustellen, eine Fallgeberin spielt dann im Text mit der von ihr gewählten und ausgestatteten Puppe Problem(lösungs-)handeln. Und die Hypothesen der Beraterinnen können in diesem Szenario zu Regieanweisungen für weitere szenische Darstellungen werden, die die Fallgeberin nutzt, spielerisch und gedanklich erprobt oder aber ablehnt.

Was spricht für die kreative Leitidee des Marionettentheaters in der Intervision?

- Jede/r kennt Marionetten und den Umgang mit *Puppen,* sie sind geteiltes Kulturgut.
- Es lassen sich alle möglichen Charaktere, Geschichten und Emotionen damit darstellen. Puppen sind wandelbar und lassen alle möglichen Veränderungen zu.
- Durch Sozialisationslernen können auch bekannte Märchenfiguren oder Heldinnen, z. B. aus der gut bekannten Augsburger Puppenkiste, genutzt werden.
- Sie können als „nackte" Holzfiguren an Fäden, aber auch als ganz persönliche, kreative und phantasievolle Ausstattungsobjekte in den Texten der Intervisionsgruppe auftreten. Dadurch wird ein großer Möglichkeitsraum mit vielen Ressourcen und Chancen für die soziale Perspektivenübernahme eröffnet. In diesem Sinne könnten in der Schreibwerkstatt ganz unterschiedliche Fragen aus dem Marionettenspiel-Szenario aufgegriffen werden: Wie sieht Dein berufliches System aus, wer gehört dazu, wer hat die Fäden in der Hand? Was genau ist die Bühne, auf der sich ein Konflikt abspielt? Wer schaut zu oder weg? Wer spielt mit? Wer belichtet die Bühne und wer ist Souffleuse?
- Da Schreibpädagoginnen immer auch in Systemen arbeiten und den (personellen) Einflüssen in ihrem Arbeitskontext sowie denen ihrer Klientinnen unterworfen sind, können die *Fäden* der Puppen als eigene Requisitenklasse verstanden

werden: Die Fäden sind Einflüsse, die in der Intervision entdeckt, wahrgenommen, beklagt, verändert, modifiziert oder gar im Probehandeln abgestellt, d. h. abgeschnitten werden können.

- Nicht nur Personen können durch die Fäden repräsentiert werden, sondern auch unsere persönlichen Wertvorstellungen, subjektiven Wahrnehmungen, inneren kritischen Stimmen, Einstellungen, Überzeugungen, Grundannahmen oder Erfahrungen. Werden diese als Fäden symbolisiert, können sie sichtbar gemacht, aber auch verkürzt, verlängert oder gar abgetrennt werden.
- Trennt man einen Faden an einer Marionette ab, wird sie freier, Stabilität muss sie dann in sich selber finden (… oder auch in einem funktionierenden Team). Dies ist ein Prozess, der recht gut das wiedergibt, was als Ziel der Intervision gilt: eine Reflexion beruflichen Rollenhandelns, die aufgrund von Wahrnehmungs- und Veränderungsprozessen sukzessive zu mehr souveränem Rollenhandeln, also Autonomie, in der Berufsrolle führt. Im Schreibprozess sollte Selbstwirksamkeit erlebbar werden. So können nicht nur Szenen immer wieder geprobt werden, sondern auch Drehbücher für Zukunftsszenarien geschrieben werden.
- Mit Bezug auf das „Personal" in einem Intervisionssetting ist vieles vorstellbar, z. B. könnten Beraterinnen als Drehbuchautorinnen, Bühnenassistenten, Beleuchterinnen o.Ä. agieren. Beobachterinnen könnten Theaterkritikerinnen oder Kulturjournalistinnen werden. Der Moderatorenrolle schließlich könnte die Theaterintendanz oder Produzentinnen-Rolle zukommen.
- Außer dem szenischen Schreiben lässt die Theateridee jede Menge korrespondierende Textsorten zu: Märchen, Heldenepos, Krimis, Dramen, Komödien, Seifenopern, Fortsetzungsgeschichten und vieles mehr. Als spezifische verdichtende Textsorten für die Prozessreflexion eignen sich z. B. Titelentwürfe für das „gespielte" Stück oder Headlines für Rezensionen.
- Wichtig ist: Im Theater ist alles möglich, was der Berufsrealität hilft! In diesem Sinne soll die Marionette als symbolisches Hilfsmittel in der Intervision den Weg zu mehr Autonomie im beruflichen Handeln unterstützen, wie Abb. 4.1 zeigt.

Was spricht gegen die kreative Leitidee des Marionettentheaters in der Intervision?

- Die Idee könnte als kindisch oder albern aufgenommen werden, in dem Sinne, dass kritisch gefragt wird, was das „Kasperletheater" soll. In der Tat kann es passieren, dass eine solche Idee nicht angenommen wird. In dem Fall gilt es zu ergründen, warum das so ist. Die Antworten auf diese Frage könnten evtl. wichtige Hinweise auf Widerstände im Intervisionsprozess geben. Eine Ablehnung kann vorkommen und sollte zu alternativen Angeboten für die Externalisierung

Abb. 4.1 Marionette auf
dem Weg zur Autonomie in
der Intervision
schreibpädagogischer
Praxis. (Quelle: ©
TopVectors – Can Stock
Photo Inc.)

führen. Das könnten dann einfache Gegenstände sein, die von der ablehnenden Person selbst gewählt werden. Das Risiko einer Ablehnung der Marionetten-idee wird von der Autorin dieses Buches als nicht sehr hoch eingeschätzt, da Schreibpädagoginnen als Teilnehmende der Intervisionsgruppe gewohnt sind, mit Phantasie und Assoziationen zu arbeiten.

- Als Gegenargument zum Einsatz von Marionetten als symbolischem Hilfsmittel könnte auch vorgebracht werden, dass Puppentheater wenig differenziert ist und der Komplexität von Problemlagen im beruflichen Handeln nicht gerecht werden kann. Dagegen könnte vorgebracht werden, dass nur einzelne wichtige Szenen, vielleicht sogar Schlüsselszenen, in den Schreibimpulsen angeregt werden sollen und der Anspruch nicht darin besteht, im Schreiben *einer* Szene die gesamte Komplexität abzubilden.

- Ein dritter kritischer Punkt der Externalisierung über Marionetten könnte darin liegen, dass diese Form der Externalisierung anspruchsvoll ist und vielleicht Teilnehmende überfordern könnte. Daher ist es wichtig, dass die konkreten Schreibimpulse einfach gestaltet sind, die Phantasie anregen und die Reflexion unterstützen. Das heißt: Es kommt darauf an, mit einer anspruchsvollen Idee in der Umsetzung durch Einfachheit der „Regieanweisungen" zu überzeugen. Das ist eine Frage des Austestens. Die Praxiserprobung wird zeigen, ob die Idee trägt. Intervisionsgruppen treffen sich in der Regel nicht einmalig, sondern kontinuierlich über einen längeren Zeitraum. Vor diesem Hintergrund kann das dritte Gegenargument zur kreativen Leitidee dadurch abgeschwächt werden, dass die Marionette als symbolisches Hilfsmittel sukzessive eingesetzt wird und von Sitzung zu Sitzung mehr Facetten und mehr Selbstverständlichkeit im Einsatz bekommen könnte.

Kollegiale Beratung ist in der Regel stark „intervisorisch-reflexiv" angelegt, die geplante Schreibwerkstatt will mit der Idee des Marionettentheaters allerdings zusätzlich die „Inszenierungs- und Regiekompetenz" (Schmid et al., 2019, 23) stärken, die als wesentliches Merkmal autonomen Handelns in der Beratung gilt. Übertragen auf die Berufspraxis kann dies für schreibpädagogisch Tätige einen wertvollen Zugewinn darstellen, da in ihrem Berufsalltag diese Kompetenz häufig gefragt sein dürfte. Daher kann der Reflexionsrahmen des Marionettentheaters als durchaus sinnvolle Setting-Ausstattung erprobt werden. Die kreative Leitidee lässt sich theoretisch als *Facette des Psychodramas* einordnen, bei dem Rollen für pädagogische und therapeutische Zwecke zur Problembearbeitung und -lösung genutzt werden.

Das Psychodrama nach Moreno (1934/2018 Original, 1974 deutsche Fassung) geht von der *Idee eines „Spielmächtigen"* aus, der nicht nur die sozialen Erwartungen anderer in seinem Handeln berücksichtigt und umsetzt, sondern der sich aus seinen „Rollenkonserven" befreien kann. Der Ansatz geht davon aus, dass Menschen sich in ihren jeweiligen Systemen vom „role taking" zum „role playing" entwickeln können. Und wenn sie automatische Rollenübernahme durch souveräne Rollenausgestaltung ergänzen oder ersetzen können, sind sie in der Lage, ein höheres Maß an Autonomie zu erreichen. Die methodischen Ansätze des Psychodramas stellen Probehandlungen dar, die auf die zukünftige Realität vorbereiten. Die Befreiung aus verfestigten Rollenmustern bzw. das „Verflüssigen" von starren Einflüssen auf das eigene Handeln führt außerdem zu mehr Selbstverantwortung. Höhere Autonomie und Selbstverantwortung sind auch als Qualifizierungsziele der Intervision zu verstehen, weswegen viel für die Exploration mit der psychodramatischen Idee des Marionettentheaters spricht. Schreyögg (2010, 266) hat bereits beschrieben, wie die psychodramatische Methodik in ihrer allgemeinen Form für die Supervision genutzt werden kann. Daran kann sich die konkrete Ausgestaltung der Schreibwerkstatt zu Intervisionszwecken anlehnen.

Dass psychodramatische Methoden sinnvoll für Schreibwerkstätten genutzt werden können, hat bereits Merlitsch (2016) gezeigt. Ihrer Auffassung nach sind Schreibwerkstatt und Psychodrama zwei sich gegenseitig befördernde Methoden, die psychodramatische Methodik kann die Schreiblust fördern, die Stoff- oder Themenfindung in einer Gruppe unterstützen und die Problembearbeitung spielerisch befördern. In der Schreibwerkstatt werden allerdings keine gespielten Dramen evoziert, sondern im Vordergrund stehen *verschriftlichte Psychodramen*. Am *Beispiel des Dramoletts oder Minidramas* als kurzem Einakter erläutert Merlitsch (2016, 168): „Das Dramolett als verschriftlichte Form des Rollenspiels ermöglicht den Zugang zu sich selbst in aufrichtiger und manchmal auch ironisierender Form, sodass einerseits Berührtheit, andererseits auch eine gewisse Distanz zu den belastenden Situationen gefunden werden kann." Dies korrespondiert sehr gut zum weiter oben dargestellten Intervisionsansatz, sodass für die Adaption von Intervision in Kreatives Schreiben das verschriftlichte Psychodrama sinnvoll erscheint. Die Ich-Distanz, die damit angesprochen wird und die dazu führt, dass starke Gefühle etwas abgekühlt Eingang in den reflektorischen Prozess finden, kann im Rollenspiel erlebbar werden. Rollenspiele machen Perspektivwechsel möglich und fördern den Dialog mit sich selbst (Peters & Zegenhagen, 2021, 206). Damit können also wichtige Anliegen der Intervision befördert werden. Auch Hofbauer (2021, 16 ff.) hat bereits Transferübungen von Psychodrama und Monodrama in Schreibübungen vorgestellt. Ähnlich der Bühne im Psychodrama betrachtet sie „Schreibräume als Orte, an denen Geschehenes in Erinnerung gerufen und Neues ausprobiert werden darf" (Hofbauer 2021, 21). Im sog. *Monodrama* können Schreibende interpsychische und intrapsychische Konflikte auf die Bühne des Papiers bringen. Auch dieser Bezug auf das Psychodrama von Moreno zeigt die Nähe zum Intervisionsgeschehen auf.

Mit der Nutzung des psychodramatischen Ansatzes in Form des Marionettentheaters wird *Schreibmethoden aus dem Szenischen Schreiben* eine besondere Rolle zugesprochen, diese sollen abschließend noch kurz skizziert werden. Das szenische Schreiben aus der theaterpädagogischen Arbeit umfasst eine große Fülle von Methoden, die das Schreiben von Handlungen für Einzelne und für Gruppen anleiten können und auch kooperative Formen des Schreibens und Weiterschreibens berücksichtigen (Hippe 2019). Um Dialoge und Szenen beschreiben zu können, ist es notwendig, sich an der Chronologie von Ereignissen und an einer Handlungslogik zu orientieren, dialogische Abfolgen wiederzugeben und diese in einen Kontext einzubetten. Es sind außer den Szenen und Sprecherwechseln also auch Regieanweisungen in die Texte einzubauen, damit ein realistisches Setting entsteht. Die Charakterisierung von Personen aufgrund ihrer Handlung ist eine weitere, recht anspruchsvolle Herausforderung im szenischen Schreiben. Für die zu planende Schreibwerkstatt geht es in erster Linie um Reflexions- und Projektionsbühnen eines Marionettentheaters, das helfen kann, berufliche Erfahrungen und Problemlagen zu verdeutlichen. Daher sollte die Methode diesen Zweck unterstützen, aber auch nicht mehr. Bei der Auswahl von Methoden für das szenische Schreiben sind folglich insbesondere solche auszuwählen, die diesen Zweck recht einfach erfüllen und unterstützen können. Die Methodik des szenischen Schreibens soll also den genannten Prozess keinesfalls verkomplizieren.

Fazit und Schlussfolgerung: Es kann gesagt werden, dass sich Intervisionsmethoden gut in Schreibmethoden übersetzen lassen und Kreatives Schreiben Intervisionszielen dienen kann und auch eine Methode mit Mehrwert darstellen kann. Der Transformationsprozess wurde theoretisch beschrieben und an Beispielen erprobt. Für die in der Intervision typischen Requisiten konnte der Einsatz von Spielpuppen als sinnvolle symbolische Hilfsmittel gesetzt werden. Die spezifische Auswahl des Puppentyps Marionette erwies sich außerdem als gut korrespondierend zum Intervisionsziel „Autonomie". Auf dieser Requisitenwahl beruht auch die theoretische Modellierung der Schreibwerkstatt als eine psychodramatische Gestaltung des Settings. Daher wird dem szenischen Schreiben eine besondere Rolle bei der Entwicklung der Schreibimpulse zugesprochen. Es wird also keine Aufstellungsarbeit mit physisch vorhandenen Requisiten geplant, sondern eine improvisierte Rollenübernahme der Puppen als in der schreibpädagogischen Praxis der Teilnehmerinnen agierende Phantasiefiguren, die der Externalisierung ihrer Anliegen dienen.

Bevor nun das Schreibgruppenkonzept für die Kollegiale Beratung vorgestellt wird, soll die Abb. 4.2 in einer Synopse noch einmal die bisherigen theoretischen Betrachtungen und die Ableitungen für die Gestaltung verdeutlichen, die das Schreibgruppenkonzept vorbereitet haben.

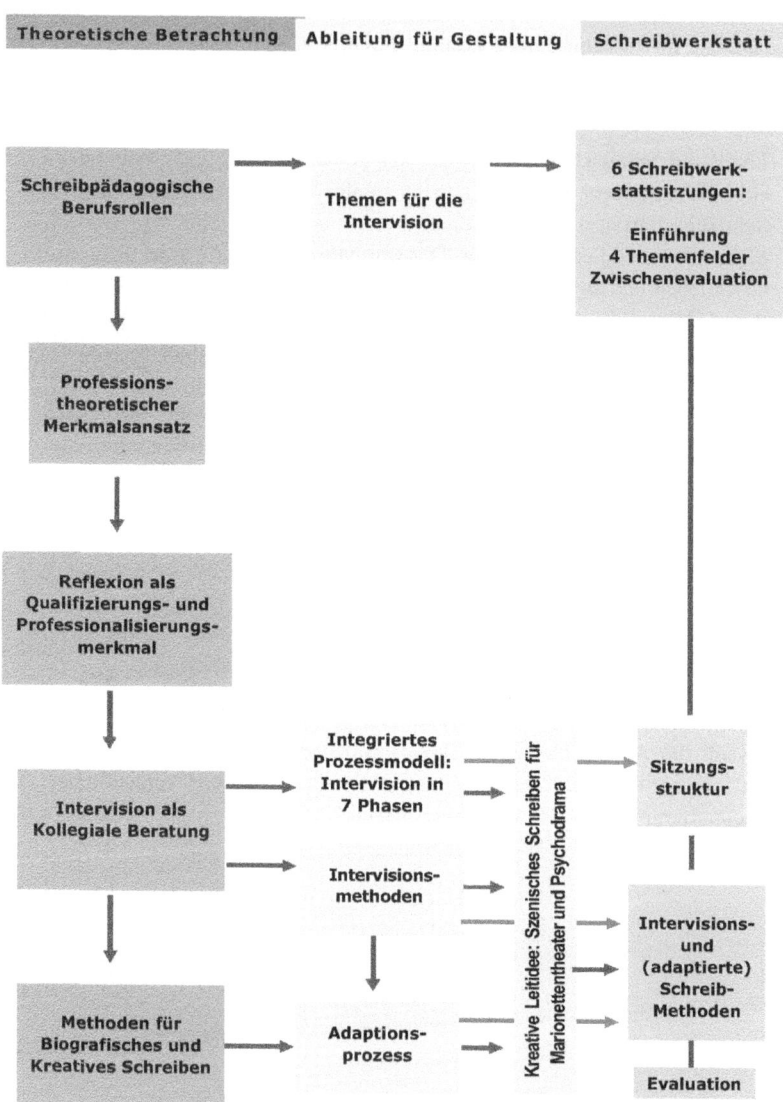

Abb. 4.2 Synopse der theoretischen Betrachtungen und der Ableitungen für die Gestaltung der Schreibwerkstatt. (Quelle: eigene Darstellung)

Literatur

Adamzik, K. (2010). *Sprache: Wege zum Verstehen.* A. Francke/UTB.

Alers, K. (2018). *Schreiben wir! Eine Schreibgruppenpädagogik.* Hohengehren: Schneider Verlag.

Alers, K. (2020). Warum nicht schreiben? Schreibbasierte reflexive Praxis für Fachkräfte in pädagogischen Berufsfeldern. Ein Konzept. SchreibRÄUME. Magazin für Journal Writing, Tagebuch & Memoir. Thema – Das Comeback des Tagebuchs. 1/2020, S. 104–114.

Behrendt, R., & Kreitz, D. (2021). Autobiografisches Schreiben in Bildungskontexten. In R. Behrendt & D. Kreitz (Hrsg.), *Autobiografisches Schreiben in Bildungskontexten. Konzepte und Methoden. Theorie und Praxis der Schreibwissenschaft* (Bd. 10, S. 10–18). Wbv Media.

Femers-Koch, S. (2021). *Biografisches und Kreatives Schreiben gegen Prüfungsangst. Ein Theoretisches und methodisches Rahmenkonzept.* Springer Fachmedien.

Fix, U. (2008). Text und Textlinguistik. In N. Janich (Hrsg.), *Testlinguistik. 15 Einführungen* (S. 15–34). Günter Narr Verlag.

Girgensohn, K., & Jakob, R. (2010). *66 Schreibnächte: Anstiftungen zu literarischer Geselligkeit.* Schneider Verlag.

Gräßer, M., Martinschledde, D., & Hovermann, E. (2020). *Therapie Tools Therapeutisches Schreiben.* PVU Psychologische Verlagsunion/Verlagsgruppe Beltz.

Haußmann, R. (2017). *Kreatives Schreiben zur Entwicklung von Ressourcen in Beratung und Coaching.* Vandenhoeck & Ruprecht.

Heimes, S. (2012). *Warum Schreiben hilft. Die Wirksamkeitsnachweise zur Poesietherapie.* Vandenhoeck & Ruprecht.

Heimes, S. (2015). *Schreib es dir von der Seele. Kreatives Schreiben leicht gemacht.* Vandenhoeck & Ruprecht.

Heimes, S. (2021). Autobiografisches Schreiben: Rekonstruktion der eigenen Lebensgeschichte. In R. Behrendt & D. Kreitz (Hrsg.), *Autobiografisches Schreiben in Bildungskontexten. Konzepte und Methoden. Theorie und Praxis der Schreibwissenschaft* (Bd. 10, S. 189–200). Wbv Media.

Hendriksen, J., & Huizing, J. (2020). *Methoden für die Intervision. Ein Fächer mit 20 effektiven Tools.* Hogrefe.

Hippe, l. (2019). *Und was kommt jetzt? Szenisches Schreiben in der theaterpädagogischen Praxis* (3. Aufl.). Weinheim: Deutscher Theaterverlag.

Hofbauer, S. (2021). Expressives Schreiben in der Psychotherapie und danach. SchreibRÄUME. Magazin für Journal Writing, Tagebuch & Memoir. Thema gesund schreiben. 1/2021, 16–25.

Jagusch, B. (2013). Schreiben als Copingstrategie bei psychischen Belastungen im Beruf und Arbeitsleben. Ein Konzept für die gewerkschaftliche Bildungsarbeit. In S. Heimes, P. Rechenberg-Winter, & R. Haußmann (Hrsg.), *Praxisfelder des kreativen und therapeutischen Schreibens* (S. 18–35). Vandenhoeck & Ruprecht.

Leiss, M. (2019). *Kreatives Schreiben. 111 Übungen.* Reclam.

Lippmann, E. (2013). *Intervision. Kollegiales Coaching professionell gestalten.* (3. überarbeitete Auflage). Springer.

Merlitsch, C. (2016). Psychodramatische Methoden in der Schreibwerkstatt. *Zeitschrift für Psychodrama und Soziometrie, 15*, 163–174.

Mischon, C. (2019). *Lehrbrief Modul 01: Kreatives Schreiben – Methoden, Techniken, Szenarien. Lehrbrief im Masterstudiengang Biografisches und Kreatives Schreiben WS 2019/20*, Alice Salomon Hochschule Berlin, unveröffentlichtes Manuskript.

Moreno, J. L. (1934 Original/2018 Reprint). *Who shall survive? A New Approach to the Problem of Human Interrelations*. Classic Reprints. (Auflagennr. nicht ausgewiesen.)

Mundorf, M. (2021). Recht autobiografisch. Schreibkompetenz, Sprachbewusstsein und (Selbst-)Reflexivität in Aus- und Weiterbildung. In R. Behrendt & D. Kreitz (Hrsg.), *Autobiografisches Schreiben in Bildungskontexten. Konzepte und Methoden. Theorie und Praxis der Schreibwissenschaft* (Bd. 10, S. 169–185). Bielefeld: Wbv Media.

Peters, N., & Zegenhagen, J. (2021). Autobiografisches Schreiben für mehr Selbstfürsorge im Beruf. In R. Behrendt & D. Kreitz (Hrsg.), *Autobiografisches Schreiben in Bildungskontexten. Konzepte und Methoden. Theorie und Praxis der Schreibwissenschaft* (Bd. 10, S. 201–216). Wbv Media.

Rechenberg-Winter, P., & Haußmann, R. (2015). *Arbeitsbuch kreatives und biografisches Schreiben. Gruppen leiten*. Vandenhoeck & Ruprecht.

Schlee, J. (2019). *Kollegiale Beratung und Supervision für pädagogische Berufe. Hilfe zur Selbsthilfe. Ein Arbeitsbuch*. (4. erweiterte Auflage). Verlag W. Kohlhammer.

Schmid, B., Veith, T., & Weidner, I. (2019). *Einführung in die kollegiale Beratung* (3. Aufl.). Carl-Auer-Systeme.

Schreyögg, A. (2010). *Supervision. Ein integratives Modell*. (5. erweiterte Auflage). VS Verlag.

Tietze, K.-O. (2020). *Kollegiale Beratung. Problemlösungen gemeinsam entwickeln* (10. Aufl.). Rowohlt Taschenbuch.

Unterholzer, C. (2021). *Selbstwirksam schreiben. Wege aus der Rat- und Rastlosigkeit*. Karl-Auer Verlag.

Vopel, K. W. (2014). *Schreiben als Therapie. Ein Handbuch mit 230 Schreibübungen*. i-skopress.

Werder von, L. (2017). Das Wörterbuch des kreativen Schreibens. Begriffe, Textsorten, Übungen, Schreibspiele, Schreibtheorien, Schreibpädagogik. Band II. P-Z. Schribi-Verlag.

Zerfaß, A., & Volk, S. C. (2019). *Toolbox Kommunikationsmanagement. Denkwerkzeuge und Methoden für die Steuerung der Unternehmenskommunikation*. Springer Gabler.

Entwicklung eines Schreibgruppenkonzepts für die Kollegiale Beratung

5

Susanne Femers-Koch

5.1 Konzeptionsverständnis und Planungsrahmen

Für ein Schreibgruppenkonzept haben sich eine Reihe von Planungsfragen bewährt, die die wesentlichen Aspekte der praktischen Umsetzung des im theoretischen Teil dieses Buches konzipierten Intervisionsansatzes für die schreibpädagogische Praxis betreffen. Die Planungsfragen orientieren sich an den Leitfragen nach Klafki, die Alers (2018, 72) empfiehlt und ergänzt. Adaptiert für die Kollegiale Beratung lauten die *Planungsfragen:*

1. Wer soll reflektieren (Zielgruppe)?
2. Was soll reflektiert werden? (Inhalte)
3. Wer soll die Reflexion unterstützen? (Leitung, Moderation u. a. Rollen)
4. Wann soll reflektiert werden? (Zeiten)
5. Mit wem soll reflektiert werden? (Gruppenzusammensetzung)
6. Wo soll reflektiert werden? (Ort, Setting)
7. Wie soll reflektiert werden? (Methoden)
8. Womit soll reflektiert werden? (Materialien)
9. Wozu soll reflektiert werden? (Ziele)
10. Warum soll was reflektiert werden? (Begründungszusammenhang für Inhalte und Methoden)

Auf diese Fragen werden nachfolgend mit Bezug auf den theoretischen Teil dieses Buches Antworten gegeben, die den Planungsrahmen der Schreibwerkstatt abstecken und vorherige theoretische Überlegungen zusammenfassen.

S. Femers-Koch, *Intervision für die schreibpädagogische Praxis*,
https://doi.org/10.1007/978-3-658-38865-2_5

5.2   Intervisionssetting und Intervisionsziele

Das Intervisionssetting kann – wie weiter oben gesagt – verstanden werden als „Bereitstellung eines Ortes und eines Instrumentariums zur Korrektur, zur Entwicklung und immer neuen Gestaltung des beruflichen Handelns" (in Anlehnung an Berker, 1999, 76, zitiert nach Schmid et al., 2019, 102). Und Kollegiale Beratung wurde außerdem nach Schlee (2019, 64) als Einladung oder Anregung zur Selbsterforschung verstanden. Für die Reflexion wird in der Intervision im Übrigen ein Autonomiepotenzial der Teilnehmenden postuliert: Denn die einzige Person, die etwas in ihrem Berufs(er)leben ändern kann, ist die Person selbst. Ihr kann es mithilfe der anderen Gruppenmitglieder gelingen, ihre Wahrnehmung zu erweitern und zu verändern, um so Potenziale für die Problemlösung eines vorgebrachten Anliegens zu erschließen. Im Intervisionsverständnis von Schlee (2019, 64) kann darüber hinaus gesagt werden: Alles, was in der Intervision unternommen werden kann, ist gemeinsam die Rahmenbedingungen zu schaffen, um die Veränderung der subjektiven Realitätsauffassung zu erleichtern. Dies nennt Schlee (2019, 64) die „Gestaltung des Settings" *(Planungsfragen 2, 3, 9 und 10)*.

Da solche Klärungsprozesse mit Einsichten einhergehen können, die persönliche Sicherheiten infrage stellen oder gar erschüttern, ist es von großer Bedeutung, dass durch gegenseitige Wertschätzung, Respekt, Empathie und Vertrauensaufbau Kommunikationsbedingungen geschaffen werden, die Widerstände gegen Reflexion und Veränderung verhindern oder mildern. Wenn die Gruppe als wohlwollend und unterstützend erlebt wird, kann im Wechselspiel von Konfrontation und Unterstützung persönliche Einsicht und ggf. Veränderung in der Selbsterforschung ermöglicht werden. Als wesentliche Voraussetzung für das Gelingen solcher Prozesse kann die Regelorientierung für Kommunikation und eine aufrichtige Feedbackkultur verstanden werden. Zur Zielerreichung von Autonomie und Souveränität der beruflich Handelnden orientiert sich Intervision außerdem an den Beratungsprinzipien „humanistisch", „systemisch" und „ressourcenorientiert", wie sie in Kap. 3 weiter oben beschrieben wurden. Für die Sicherstellung eines sinnvollen Intervisionsrahmens gibt Lippmann (2013, 48 ff.) nützliche Hinweise *(Planungsfragen 1,2 und 3)*.

5.3   Intervisionsgruppen und Intervisionsleitung

In einer Intervisionsgruppe für die schreibpädagogische Praxis sollten mindestens 4 Personen zusammenarbeiten. Da die Intervisionspraxis im Schreiben viel Zeit benötigt und Texte vorgelesen werden sollen, wird die Obergrenze auf 8

Personen festgesetzt. Die Intervision wird als Kollegiale Beratung verstanden, bei der kein professioneller Berater oder Supervisor anwesend ist. Allerdings beinhaltet das Rollenspektrum eine moderierende Rolle, die zwischen den Teilnehmenden von Sitzung zu Sitzung wechselt. Da mit dem hier entwickelten Intervisionsansatz in der schreibpädagogischen Praxis Neuland betreten wird, ist für eine Exploration der praktischen Umsetzung geplant, dass die Autorin dieser Publikation Interessentinnen in die Intervisionsarbeit einführt, indem sie beim Start einer Intervisionsgruppe unterstützt und die ersten Sitzungen begleitet, um die Methodik einzuführen. Daher kann die Autorin, die das Konzept für Schreibpädagoginnen anbietet, als eine Art Ideengeberin oder Geburtshelferin für die Intervisionspraxis betrachtet werden, als Leitung wird sie aber nicht positioniert *(Planungsfragen 1, 3 und 5)*.

5.4 Intervisionsthemen und Intervisionsstrukturen bzw. -phasen

Als relevante Themenfelder für die Reflexion in der schreibpädagogischen Praxis konnten im Kap. 2 folgende Felder ermittelt werden:

1. Die eigene *Berufsrolle* explorieren und reflektieren.
2. Die *Beziehungen zu Klientinnen* in Dynamik und Konfliktpotenzial reflektieren.
3. *Belastungen* in der Berufsrolle erkennen und Entlastungsideen entwickeln.
4. *Veränderungswünsche* explorieren und Innovationen vorbereiten.

Diese Themenfelder sind im Sinne von thematischen Schwerpunkten zu verstehen, die sich in den vorgebrachten individuellen Anliegen in der Intervision durchaus auch überschneiden können. Nach einer Einführung zur Intervision und Gruppenbildung können diese Themenfelder die *Struktur der Schreibwerkstatt* bestimmen, für die sich dann die Reihenfolge ergibt, die in Tab. 5.1 angegeben ist *(Planungsfragen 2, 3, 4 und 10)*.

Mit den vier Themenfeldern für die Intervision in der schreibpädagogischen Praxis ist ein Portfolio eröffnet, das mehrfach von der Gruppe durchgearbeitet werden kann. Es empfiehlt sich, dass nach einmaligem Durchlauf der vorgestellten Sitzungen eine Zwischenevaluation erfolgt. Auf dieser Basis kann eine Intervisionsgruppe weitere Themen setzen und ggf. das Setting der Gruppe evaluationsbasiert verändern. Möglich wäre auch, dass innerhalb eines Themenfeldes mehrere Sitzungen stattfinden, weil sich innerhalb dieses Feldes viele Anliegen der Gruppenmitglieder ergeben haben. Hier wird also nur die Startphase einer

Tab. 5.1 Themen und Struktur der Schreibwerkstatt Intervision für die schreibpädagogische Praxis

Sitzung	Themenfelder der Intervision
1	Einführung in die Intervision (Begriffsverständnis, Methoden, Implementierung)
2	Die eigene Berufsrolle explorieren und reflektieren
3	Die Beziehungen zu Klientinnen in Dynamik und Konfliktpotenzial reflektieren
4	Belastungen in der Berufsrolle erkennen und Entlastungsideen entwickeln
5	Veränderungswünsche explorieren und Innovationen vorbereiten
6	Zwischenevaluation der „schreibgruppenbasierten" Intervision
7 ff.	Evaluations- und interessenabhängige Wiederholung der Themen aus Sitzung 2–4

Intervisionsgruppe beschrieben. Danach sollte die Gruppe selbständig mit dem Methodeninventar der schreibbasierten Intervision umgehen können, ggf. auch eigene Themenfelder setzen und eigene Methoden integrieren. Dies scheint, bezogen auf das Schreiben, für Intervisionsgruppen aus der schreibpädagogischen Praxis eine durchaus sinnvolle Möglichkeit zu sein, die es auszuprobieren gilt. Hat eine Gruppe länger miteinander gearbeitet, bietet sich auch eine differenzierte Evaluation an, für die weiter unten noch Vorschläge gemacht werden. Spätestens nach dem einmaligen Ablauf des oben aufgezeigten Zyklus sollte die Prozessinitiatorin, d. h. die Autorin dieser Publikation, die Gruppe verlassen.

Für die Struktur einer Intervisionssitzung konnte in den theoretischen Ausführungen weiter oben ein verbindlicher Aufbau abgeleitet haben, der sich in der Intervisionspraxis in anderen beruflichen Kontexten bewährt hat und in Kap. 3 als *Integriertes Prozessmodell der Intervision(ssitzung)* vorgestellt wurde:

1. Einführung und Erhebung der aktuellen Anliegen in der Gruppe
2. Rollenvereinbarungen und Übernahme von vier Grundrollen (ggf. Dopplungen)
3. Darstellung des ausgewählten Anliegens der Fallgeberin und Nachfragen der Beraterinnen
4. Situationsanalyse, Fragen und Hypothesen zum Problem durch die Beraterinnen
5. Reaktion auf Fragen und Prüfung bzw. Priorisierung der Hypothesen durch die Fallgeberin

6. Erarbeitung von Lösungen (Beraterinnen) und Bewertung der Lösungsideen (Fallgeberin)

7. Prozessreflexion durch Beobachtungsergebnisse, Feedback sowie Ergebnissicherung

Die Häufigkeit der geplanten Sitzungen kann die Gruppe selbstständig festlegen. Empfohlen werden in der Intervisionsliteratur regelmäßige Sitzungen, z. B. alle 4–6 Wochen, nach einem anfangs verabredeten Zeitplan. Länger als 3 Monate sollten die Sitzungen nicht auseinanderliegen, damit sich die Gruppe auch als kohärentes Ganzes entwickeln kann und Kontinuität sichergestellt ist. Die Sitzungen sollten in der Regel zwischen 2 und 3 h dauern. Für die ersten Sitzungen, in denen die Gruppe noch nicht mit Strukturen und Prozessen der Intervision vertraut ist, sollte mehr Zeit eingeräumt werden als bei späteren, routinierteren Intervisionstreffen. Sollte die Intervision aus geografischen Gründen als Workshop positioniert werden, kann auch eine 1- bis 2-tägige Veranstaltung geplant werden. Da es sich bei der schreibpädagogischen Praxis noch um ein recht junges Berufsfeld handelt, kann es in ländlichen Regionen eventuell keine ausreichende Anzahl von Interessentinnen für häufige kurze Intervisionstreffen geben, sodass der Workshop-Charakter als Tagesveranstaltung mehr Sinn macht. Als geeignete Orte für die Intervisionssitzungen gelten ungestörte Arbeitsräume für Gruppen, wie es sie in Büros, Praxen, Bildungseinrichtungen oder auch Hotels und Tagungshäusern gibt. In der Praxis findet Intervision in anderen Berufsfeldern auch in privaten Räumen statt. Dies kann für eine Wohlfühlatmosphäre der persönlichen Begegnung durchaus förderlich sein, solange es keine absehbaren Störungen aus dem privaten Kontext gibt *(Planungsfragen 4 und 6)*.

5.5 Schreibbasierte Reflexionsmethoden und Feedbackverfahren

Methodisch bedient sich die Schreibwerkstatt aus zwei Methodenpools: a) den Methoden aus der Intervisionsliteratur und b) den Schreibmethoden aus der Fachliteratur zum Biografischen und Kreativen Schreiben. Als bevorzugter Reflexionsraum wird für die geplante Schreibwerkstatt das Medium Schreiben bestimmt und damit versucht, das eher Fremde oder Innovative, die Intervision, mit dem Bekannten und Vertrauten, dem Schreiben, zu verbinden. Wie bereits im theoretischen Teil dieses Buches ausführlich erläutert wurde, werden zwei Akzente die Methodenauswahl bestimmen:

1. In der Schreibwerkstatt wird die für die Intervision typische Arbeit mit Fragen und Hypothesen realisiert. Diese Interventionen sollen der Informationsgewinnung und Lösungsfindung dienen. Die Schreibwerkstatt schöpft aus den Methoden, die in Kap. 4 in Tab. 4.1–4.7 illustriert wurden, bzw. aus den umfänglichen Toolsammlungen in der Fachliteratur.

2. Der Reflexionsraum der geplanten Intervision ist im Medium Schreiben zu sehen, daher werden auch Methoden aus der Fachliteratur zum Biografischen und Kreativen Schreiben eingesetzt. Für die Materialsammlung der 6 geplanten Werkstattsitzungen sollen außerdem Intervisionsmethoden in Schreibgruppen bzw. -methoden übersetzt werden, wie es in Abschn. 4.4 dargestellt und in Tab. 4.9 illustriert wurde.

Außerdem setzt die Schreibwerkstatt auf einen psychodramatischen Ansatz, indem sie als symbolische Requisiten für die Intervision auf Marionetten als kreative Leitidee setzt, die ebenfalls in Abschn. 4.4. entwickelt wurde. Mit diesem Intervisionsansatz korrespondiert auch die Wahl eines bestimmten, bevorzugten Methodenrepertoires, nämlich des szenischen Schreibens. Daneben werden für Intervisionszwecke auch noch andere Methoden, wie oben beschrieben, eingesetzt. Für das Feedback sollen bewährte Methoden aus anderen Arbeiten zum Biografischen und Kreativen Schreiben zum Einsatz kommen, wie die zusammengestellten Materialien im Anhang illustrieren *(Planungsfragen 7 und 8)*.

5.6   Evaluation der Schreibwerkstatt zur Intervision

In der oben vorgeschlagenen Struktur der Kollegialen Beratung ist eine Zwischenevaluation der schreibgruppenbasierten Intervision in der 6. Sitzung vorgesehen. Sinnvoll erscheint dies, um mögliche Unzufriedenheiten in der Gruppe frühzeitig zu erkennen und zu nutzen, um die weitere gemeinsame Reflexionsarbeit zu verbessern. In dieser Auswertungssitzung zum schreibbasierten Evaluationsansatz soll alles thematisiert werden, was der Reflexion des beruflichen Handelns förderlich war und was nicht. Die Zwischenevaluation wird in der 5. Sitzung angekündigt, damit sie von den Gruppenmitgliedern vorbereitet werden kann. Das Verfahren der Zwischenevaluation lehnt sich an die Vorgehensweise von Vopel (2014, 26 f.) an, der diese Verfahrensweise für Schreibtherapiegruppen erprobt hat. Sie wird für Intervisionszwecke angepasst. Schreibaufgaben und Evaluationsschritte dazu werden in der Implementierung der 6. Sitzung im Kap. 6 vorgestellt. Zum Zeitpunkt der Zwischenevaluation sollte die Gruppe auch klären, was sie noch für die weitere Arbeit von der Initiatorin der Intervisionsgruppe erwartet oder an Unterstützung braucht. Spätestens hier sollte der Abschied von der Begleitung vollzogen werden und der Ausblick auf die selbstständige Arbeit der Gruppe stattfinden. Das Konzept der Schreibwerkstatt legt für eine umfassendere Erfolgskontrolle eine ganze Reihe von Kriterien nahe, die für eine differenzierte Evaluation nach einer längeren gemeinsamen Arbeit (z. B. 0,5 bis 1 Jahr je nach Dichte der Treffen) einer Intervisionsgruppe sinnvoll erscheinen:

1. Die *Themenfelder der Intervision,* die aus der Literatur abgeleitet wurden, d. h. die eigene Berufsrolle, die Beziehungen zu Klientinnen, die Belastungen in der Berufsrolle sowie die Veränderungswünsche für das berufliche Handeln. Hier wäre es interessant zu evaluieren, wie gut die Themenfelder die Bedürfnisse der Intervisionsteilnehmerinnen widerspiegeln und welche weiteren wichtigen Intervisionsgegenstände für eine Gruppe infrage kommen.
2. Die *Leistungspotenziale der Intervision,* die aus der Fachliteratur abgeleitet wurden: Erhöhung der Professionalität, Pflege der Psychohygiene und Entlastungsfunktion der Kollegialen Beratung, der Nutzen von Informationsaustausch und die Klärung fachlicher Fragen. Diesbezüglich gilt es herauszufinden, ob dieser Nutzen in der Intervisionsgruppe wirklich realisiert werden kann.
3. Die *Schreibimpulse* und *Wirkfaktoren des Schreibens* (Emotionsregulation, Selbstwirksamkeit und soziale Integration): Bezüglich dieser Aspekte ist die Eignung der Schreibimpulse für Intervisionszwecke zu klären und die wahrgenommene Wirkung des Schreibens zu untersuchen.
4. *Gruppenkooperation:* Kaum eine Gruppe funktioniert so gut, dass sich Kooperation nicht verbessern ließe, also ist zu explorieren, was in der Schreibwerkstatt gut im Miteinander funktioniert und was noch verbessert werden kann (Entwicklungsprozesse und Gruppendynamik).

Für die vier Evaluationsbereiche ist im Anhang (IX) ein umfänglicher Evaluationsbogen zu finden, der die genannten Aspekte mit einem differenzierten Itemportfolio testet. Die Operationalisierung hat sich eng an den Theoriekapiteln dieses Buches orientiert und ist daher recht leicht nachzuvollziehen *(Planungsfragen 7 und 8).*

Literatur

Alers, K. (2018). *Schreiben wir! Eine Schreibgruppenpädagogik.* Schneider.

Lippmann, E. (2013). *Intervision. Kollegiales Coaching professionell gestalten* (3. überarbeitete Aufl.). Springer

Schlee, J. (2019). *Kollegiale Beratung und Supervision für pädagogische Berufe. Hilfe zur Selbsthilfe. Ein Arbeitsbuch* (4. erweiterte Aufl.). Verlag W. Kohlhammer.

Schmid, B., Veith, T. & Weidner, I. (2019). *Einführung in die kollegiale Beratung.* (3. Aufl.). Heidelberg: Carl-Auer-Systeme Verlag.

Vopel, K. W. (2014). *Schreiben als Therapie. Ein Handbuch mit 230 Schreibübungen.* i-skopress.

Implementierung des Konzepts: Sechs initiale Schreibgruppensitzungen

Susanne Femers-Koch

Eine Schreibwerkstatt zum Zweck der Intervision schreibpädagogischer Praxis kann für solche Personen von Interesse sein, die in ihrem beruflichen Umfeld keine Möglichkeit zur Intervision oder Supervision haben, aber grundsätzlich an Qualifizierung und an Reflexion ihres beruflichen Rollenhandeln interessiert sind. Da keine Berufsfeldstudien vorliegen, können Interessentinnen für eine solche Initiative wahrscheinlich im Umfeld von Aus- und Weiterbildung zu finden sein. Daher sollen zur Erprobung des Konzepts zunächst Menschen in Alumninetzwerken von Ausbildungsinstituten und in Netzwerken von beruflichen Interessenvertretungen angesprochen werden. Zur Implementierung des Konzepts[1] könnte folgende Einladung über die eben angesprochenen Netzwerke distribuiert werden:

Einladung zur Intervision und Gründung einer „Schreibwerkstatt Kollegiale Beratung"

Sie sind schreibpädagogisch tätig als Schreibberaterin, Schreibcoach oder Schreibgruppenleiterin? Sie haben Interesse am kollegialen Austausch zu Herausforderungen im Berufsalltag? Sie möchten das Konzept Intervision als wechselseitige, selbstorganisierte Supervision kennenlernen? Sie sind interessiert an einer längerfristigen Zusammenarbeit zu beruflichen Anliegen?

---

[1] Die Planung und Implementierung stützt sich auf eine ganze Reihe von hilfreichen Hinweisen aus der Literatur z. B. bei Lippmann (2013, 52 ff., 179 ff.), Klein (2019, 67 ff.), Schmid et al., (2019, 69 ff.), Schlee (2019, 171 ff.), Hendriksen & Huizing (2020, 6 ff.), Tietze (2020, 141 ff. 222 ff.) sowie Kühl & Schäfer (2020, 41 ff.). Zur Handhabung von Mehrpersonensettings gibt auch Schreyögg (2010, 295 ff.) vielfältige Anregungen für die Gruppen-und Teamsupervision.

S. Femers-Koch, *Intervision für die schreibpädagogische Praxis*,
https://doi.org/10.1007/978-3-658-38865-2_6

Dann nehmen Sie gerne mit mir Kontakt auf. Ich habe ein Intervisionskonzept für die schreibpädagogische Praxis entwickelt, das ich erproben und für Ihre zukünftige selbstständige Zusammenarbeit vorstellen möchte. Ziel ist die Gründung einer Schreibwerkstatt zur strukturierten, lösungs- und ressourcenorientierten Arbeit im Medium Schreiben, das Ihnen Reflexion und Weiterentwicklung ermöglichen soll. Die Gruppe soll 4–8 Teilnehmende umfassen und im Herbst 2022 starten. Ich freue mich auf Sie.

Dr. Susanne Femers-Koch
Diplom-Psychologin, Personal- und Business Coach
Masterstudiengang Biografisches und Kreatives Schreiben ASH Berlin
Kontakt: Susanne.femers-koch@htw-berlin.de

Um die Ansprüche an die Reflexion in einer Intervisionsgruppe tatsächlich einlösen zu können, bedarf es einer bestimmten Werteorientierung und Kommunikationskultur, auf die in der Intervisionsliteratur immer wieder hingewiesen wird und die in einer Präambel für die Gruppenarbeit festgelegt werden sollte. Nach Schmid et al. (2019, 16) sind die wesentlichen Werte „Wertschätzung, Kompetenzzuschreibung, Ressourcen- und Lösungsorientierung, aktive Beteiligung, Verbindlichkeit, Zeit- und Fokusdisziplin, Bereitschaft zur Offenheit und Authentizität, Selbstverantwortung und Eigenständigkeit sowie Bereitschaft zu einer Vertrauenskultur". In der Startphase der Intervisionsgruppe sollten daher diese Wertorientierungen als mögliche Orientierungen der Gruppe angesprochen und in die Vereinbarungen zum Miteinander als „Wertebekenntnis" einbezogen werden.

6.1   SITZUNG 1   Dauer: ca. 150–180 min

Einführung in die INTERVISION – Begriffsverständnis, Methoden, Implementierung

Begrüßung und Vorstellung von Initiatorin und Teilnehmenden   10 min

Abklärung zur Akzeptanz des Arbeits-Du

Vorstellung   des   Intervisionskompass   für   die   Kollegiale   Beratung (Anhang I)   10 min

- Erläuterung der *Ziele* von Intervision (Reflexion, Exploration von Möglichkeiten, Autonomie und Professionalität im Handeln)
- Erläuterung des *Prozessmodells* für die Intervision (Sitzungsablauf als verlässliche Struktur)
- Erläuterung der *Methoden* der Intervision (Rollenübernahmen und Perspektivwechsel [FG, MO, BER, BEO], Fragen und Hypothesen für konkurrenzfreie Unterstützung und Entwicklung optimierten Handelns)
- Vorstellung der *Wertorientierung* in der Intervision (Haltung der Teilnehmenden) (Respekt und Wertschätzung, Autonomie und Selbstverantwortung der Teilnehmenden, Kompetenzzuschreibung, Ressourcen-/Lösungsorientierung, aktive Beteiligung, Verbindlichkeit, Zeit-/Fokusdisziplin, Offenheit, Authentizität, Selbstverantwortung, Vertraulichkeit)
- Überblick und Erläuterung der *inhaltlichen Schwerpunkte* der sechs initialen Intervisionssitzungen:
  - Intervisionsstruktur und -methoden (Sitzung 1)
  - Themenfeld Berufsrolle (Sitzung 2)
  - Themenfeld Klienten-Beziehungen (Sitzung 3)
  - Themenfeld Belastungen (Sitzung 4)
  - Themenfeld Veränderungswünsche (Sitzung 5)
  - Zwischenevaluation der schreibbasierten Intervision (Sitzung 6)

Vorstellung der Leitidee der Intervision mit symbolischen Hilfsmitteln: Marionetten   10 min

- Wir alle kennen Puppen und erzählen schon als Kinder mit ihnen Geschichten. Wir werden in der Intervision daran anknüpfen und „Puppengeschichten" *schreiben*. Für diese Schreibprozesse werden wir nämlich *gedanklich* mit Puppen als symbolischen Hilfsmitteln arbeiten bzw. „Theater spielen".
- Uns *über* etwas, ein Objekt, etwas Externes, z. B. eine Puppe oder einen anderen Gegenstand, auszudrücken, schafft Möglichkeiten des Ausdrucks, die die reine Innenschau häufig nicht erreichen kann. Einige von Euch kennen vielleicht diesen Weg, der Externalisierung genannt wird.
- In kleinen Szenen, Monologen oder Dialogen werden wir beschreiben, wie wir unser berufliches Handeln erleben und dabei Aspekten nachgehen, die wir genauer reflektieren, verstehen und ggf. verändern werden. Wir tauschen uns über Gespräche und hier geschriebene Texte aus, insbesondere über *szenische Texte*.
- In unserem Beruf handeln wir nicht im luftleeren Raum. Wir sind vielmehr vielen Einflüssen unterworfen. Das können *innere und äußere Einflüsse* sein.

Sie können aus der Vergangenheit wirken oder aus der Gegenwart. Aus diesem Grund arbeiten wir mit einem speziellen Typ Puppe, der diese Einflüsse sehr gut repräsentieren kann: mit Marionetten. *Wir stellen uns also vor, dass wir auf der Bühne unseres Berufs(er-)lebens als Marionetten agieren.*

- Die *Fäden*, an denen wir in diesem gedanklichen Spiel hängen, sind Einflüsse, die in der Intervision wahrgenommen und begrüßt oder beklagt, verändert und im Probehandeln sogar abgestellt werden können.
- Trennt man einen Faden an einer Marionette ab, wird sie freier, Stabilität muss sie dann in sich selbst finden (… oder z. B. auch in einem funktionierenden Team). Es kann möglich sein, dass durch die Intervision neue Fäden dazukommen, solche, die willkommen sind, weil sie uns Halt geben.
- Dies ist ein Prozess, der recht gut das wiedergibt, was als *Ziel der Intervision* gilt: eine Reflexion beruflichen Rollenhandelns, die aufgrund von Wahrnehmungs- und Veränderungsprozessen sukzessive zu mehr souveränem Rollenhandeln, also Autonomie, führt.
- Im Schreibprozess kann auf diese Weise für uns Selbstwirksamkeit erlebbar werden. Wir erleben uns als Urheberinnen unseres Handelns: Wir können nicht nur Szenen mit neuen Handlungsmustern erproben, sondern auch Skripte für unsere Zukunft schreiben.

Wir beginnen schon heute auf diesem Weg schreibend erste Erfahrungen zu machen.

Schreibimpuls 1: „Loslassen" (nach Vopel, 2014, 48)   5 min
Schließe Deine Augen für eine Minute und atme ein und langsam aus. Stell Dir vor, Du kannst loslassen, was Du festhältst, aber loslassen möchtest in Deinem Arbeitsleben, z.B. Sorgen, Erinnerungen, Wünsche, Gefühle, Pläne, Konflikte, Enttäuschungen oder anderes, was Du loslassen möchtest. Mach mit einer Hand eine feste Faust, presse die Finger zusammen und löse dann die Faust. Stell Dir vor, Du kannst jetzt etwas loslassen, wenn Deine Finger sich entfalten. Was lässt Du los? Notiere dann fünf Dinge, die Du gerne loslassen möchtest, wähle eines aus und schreibe 3 min dazu eine Klageschrift (5 min).

Erläuterung Regeln für das kommunikative Miteinander der Schreibwerkstatt (Anhang II)   5 min

- Allgemeine Schreibregeln für die Schreibwerkstatt (Anhang II.I)
- Feedbackregeln für die Intervision (Anhang II.II)
- Regeln für das Schreiben und Teilen von Texten (Anhang II.III)

Vorlese- und Feedbackrunde   5–10 min

Schreibimpuls 2: „Einflüsse erkennen"   5–10 min
Wir wenden uns jetzt gedanklich den Einflüssen zu, die unser Berufs(er-)leben
bestimmen. Das können Personen sein oder – wie schon erwähnt – auch Wertvor-
stellungen, Wahrnehmungen, innere Stimmen, Einstellungen, Überzeugungen oder
Erfahrungen. Diese Einflüsse sollen jetzt als Fäden im o. g. Sinne des Marionetten-
bildes identifiziert werden. Beschreibt jetzt in einem Text Eurer Wahl, als freier Text,
als Liste oder in einem anderen Texttyp, wie Eure Fäden beschaffen sind. Sind sie
sichtbar oder nicht? Wie dick oder dünn sind sie? Wie straff oder locker? Geben Sie
Euch Halt oder engen Sie Euch ein? Schreibt 10 Minuten über die Fäden, an denen
Ihr in Eurem Berufsleben hängt.

Vorlese- und Feedbackrunde   10 min.

Klärung von Erwartungen, Motivation und Interessen (Visualisierung über Flipchart)   10 min
(Vorbereitung des inhaltlichen Arbeitsauftrags der Gruppe, erste Sammlung von Anliegen)

Thematisierung von Werten in der Intervision   10 min

Schreibimpuls 3: „Werte und mein Verhalten"
Überlege, welche Werte Dir in der Zusammenarbeit mit anderen besonders wichtig
sind und welche Werte Du in der Gruppe realisieren möchtest. Warum sind diese
Werte Dir wichtig und wie kannst Du das zeigen? Schreibe dazu 5 min in Form einer
Satzergänzung auf einem losen Blatt:

Der Wert..............	ist mir ganz besonders wichtig, ich verhalte mich deshalb auf diese Weise:
Der Wert..............	ist mir auch sehr wichtig, ich verhalte mich deshalb auf diese Weise:
Der Wert..............	ist mir auch noch wichtig, ich verhalte mich deshalb auf diese Weise:

Die Blätter werden eingesammelt, per Zufall verteilt und vorgelesen, aber nicht kommentiert.

PAUSE (bei Bedarf 15 min)

Schreibimpuls 4: „Arbeitsauftrag der Gruppe"   15 min
Wenn Du dieser Gruppe nun einen Arbeitsauftrag für die Zukunft geben müsstest, was wären in Deinen Worten die wichtigsten Anliegen dieser Intervisionsgruppe, welche Rechte und Pflichten sollten im Arbeitsauftrag für die gemeinsame Arbeit festgelegt werden? Schreibe hierzu eine halbe Seite auf ein Einzelblatt. (5–10 min)

Die Blätter werden in die Mitte des Tisches/des Bodens mit der Schrift nach unten gelegt, dann zieht jede ein Blatt und liest den „Kontraktentwurf" vor. Die Gruppe diskutiert dann, wie daraus bis zur nächsten Sitzung ein „unterschriftsreifer", konsensfähiger Vertrag bzw. eine Präambel zur Zusammenarbeit entstehen kann, dem/r die Teilnehmenden zustimmen können. Die Satzergänzungen zur Wertorientierung sollen hier integriert werden. Der Vertrags- bzw. Präambel-Entwurf sollte von mindestens zwei Gruppenmitgliedern erarbeitet werden. (Als Arbeitshilfe können auch Schlee [2019, 170] und Tietze [2020, 222 ff.] zu Rate gezogen werden.) (1. Schritt in Richtung Gruppenselbstständigkeit).

Methodenillustration: Anliegen für die Intervision finden (Anhang III und IV)   15 min

- Erläuterung Vorbereitungsblatt für die Darstellung von Anliegen für die Intervision (Anhang III)
- Kriterienkatalog zur Gewichtung möglicher Fallbeispiele bzw. Anliegen (Anhang IV)

Schreibimpuls 5: „Akrostichon Intervision"   5–10 min
Ihr habt heute schon einiges zum Thema Intervision gehört und zu dem, was die Gruppe dafür einbringt. Ziehe jetzt für Dich die wichtigsten Schlüsse daraus und halte sie in einem Akrostichon fest. Verwende dafür die Buchstaben des Wortes „Intervision" als Anfangsbuchstaben einer jeweiligen Zeile. Die Zeile kann nur aus einem Wort bestehen oder auch aus einem ganzen Satz. Was fällt Dir nun nach der heutigen Sitzung zum Begriff Intervision ein?

I

N

T

E

R

V

I

S

I

O

N

Vorleserunde

Schreibimpuls 6: „Wetterbericht" (nach Vopel, 2014, 65)   10 min
Im letzten Schreibimpuls geht es um das Wetter unserer Seele. Wie ist im Augen-
blick Deine Stimmung? Welche Gedanken gehen Dir durch den Kopf? Wie steht
es um Deine Vitalität, Dein Bedürfnis nach Ruhe oder anderem? Versuche Deine
Verfassung in der Art eines Wetterberichts auszudrücken. Beschreibe die aktuelle
Wetterlage und wage auch eine Vorhersage für die nächste Zeit. 5 min.

Vorlese- und Feedbackrunde

**Arbeitsauftrag an alle: Vertraut machen mit dem Intervisionsmaterial und
Exploration individueller Anliegen zum Thema „Berufsrolle" mit Unterstützung durch die vorgestellten Methoden**

**Verabschiedung, Verabredung zu Termin-/Raumarrangements sowie Pro-
grammausblick 5 min**

Die *Zeitangaben* in dieser und in den folgenden Sitzungen sind nur ungefähre
Angaben, da die Gruppengröße den Zeitbedarf mitbestimmt, Schreibimpulse in
der Praxis mal mehr, mal weniger Zeit brauchen – insbesondere in Bezug auf das
Feedback. Auch die *Pausenbedürfnisse* sollten flexibel betrachtet werden und in
der Durchführung mit der Gruppe abgestimmt werden. Es könnte z. B. in jeder der
zwei Hälften einer Intervisionssitzung kurze 5-min-Pausen eingebaut werden.

6.2   SITZUNG 2   Dauer: ca. 150–180 min.

Eigene BERUFSROLLE explorieren und reflektieren

**Begrüßung, Vorstellung des Gruppenvertrags bzw. der Präambel und ggf.
Korrektur 10–15 min**
**Ergänzung bzw. gemeinsame Vertragsunterzeichnung des Arbeitsauftrags der
Gruppe**

(2. Schritt in Richtung Gruppenselbstständigkeit und -commitment)

Einleitende Worte zum Sitzungsthema „Berufsrolle" als Bündel sozialer Erwartungen und Erwartungsmanagement als einem Schlüssel zum professionellen Handeln

Kennenlernen der Teilnehmenden als Schreib(pädagoginnen)-Persönlichkeiten   30 min

Schreibimpuls 1: „Berichtender Schreibtisch" (nach Bräuer, 2021, 107)
Erinnere Dich an Deine letzte Abfassung eines schreibpädagogischen Konzepts für eine Gruppe oder einen Klienten in der Schreibberatung oder ein Protokoll über eine Coaching-Sitzung. Lass dann Deinen Schreibtisch davon berichten, was er mit Dir erlebt hat, ohne dass er den Text bewertet, den Du geschrieben hast. (10 min)
Anschließend Partnerinnenarbeit: Ihr lest Euch gegenseitig Eure Texte vor und diskutiert über Gemeinsamkeiten und Unterschiede im schreibpädagogischen Handeln. (10 min)

Schreibimpuls 2: „Deine Bühne im Arbeitsleben"
Nimm uns jetzt mit an Deinen Arbeitsort, an dem Du mit Gruppen oder Klientinnen arbeitest. Stell ihn uns vor wie eine Theaterbühne. Welcher Platz ist da für Dich und Deine Klientinnen? Wie sieht Deine Bühne aus? Wie ist sie gestaltet? Wo seid Ihr auf dieser Bühne bei der Arbeit? Welches Mobiliar gibt es? Wie ist der Boden bedeckt? Was hängt an der Decke? Was ziert die Wände? Welche Farben gibt es auf Deiner Bühne? Und wie sehen die Scheinwerfer auf dieser Bühne aus? Was gefällt Dir gut auf Deiner Bühne? Und was gefällt Dir vielleicht nicht ganz so gut? Beschreibe als Bühnenbildnerin Deinen Wirkungsort so wie er ist. (10 min)

Vorlese- und Feedbackrunde

Einführung u. Erhebung der aktuellen Anliegen in der Gruppe zum Thema „Berufsrolle" 30–45 min

Schreibimpuls 3: „Skizzierung eines Situationsbildes für Dein Anliegen" (Dramolett, Merlitsch, 2016, 168)

Du hast Dir schon über Dein mögliches Anliegen zu Deiner Berufsrolle Gedanken gemacht (vgl. Arbeitsauftrag für alle am Ende von Sitzung 1). Jetzt ist es Deine Aufgabe, Dein Anliegen zur Berufsrolle auf Deiner Arbeitsbühne schriftlich in Szene zu setzen. Beschreibe bitte: Was genau passiert dort auf der Bühne? Wer ist am Geschehen beteiligt?
Damit Du auf anschauliche Weise davon erzählen kannst, bist Du eingeladen, Dir auch mögliche Mitspielerinnen auf Deiner Arbeitsbühne als Puppen vorzustellen. Stell Dir vor, Du und Deine Mitspielerinnen im Stück „Meine Berufsrolle" seid Puppen auf Deiner Arbeitsbühne. Wie viele Puppen spielen bei Deinem Stück mit? Wie heißen sie und welche Rollen haben Sie? Was passiert in diesen Rollen? Du kannst die Puppen für Dein Stück so ausstatten, wie Du willst. Du führst hier Regie!

Erinnere Dich auch an die Fäden, die die Einflüsse in Deinem Berufsleben darstellen. Welche dieser Fäden sind hier wichtig? Welche sollten genauer betrachtet werden und in Deinem Stück Aufmerksamkeit bekommen? Denke daran, manche Fäden geben Stabilität, andere Fäden schränken ein. Wie ist das bei den Puppen, die Du heute für Dein Anliegen auf die Bühne gebracht hast? Beschreibe, was im Drehbuch steht, was Deine Berufsrolle prägt und hier Thema werden soll. Stelle uns einen 1. Akt vor. (15 min)

Vorlese- und Feedbackrunde

Gruppenentscheidung über die Auswahl eines der geschilderten Anliegen: mit Interessenabfrage[2]: Welches der geschilderten Anliegen zur Berufsrolle interessiert die Gruppenmitglieder heute am stärksten? Ggf. auch mit Unterstützung des Kriterienkatalogs zur Gewichtung möglicher Fallbeispiele (Anhang IV).

PAUSE (bei Bedarf 15 min)

---

[2] Die *Intervisionsmethoden* sind hier und im Folgenden *kursiv* gesetzt und der Tab. 4.1 bis 4.7 sowie Tab. 4.9 aus Kap. 4 entnommen. Dort sind auch die Quellenangaben nachzuvollziehen. Zur Vermeidung von Redundanz und Überfrachtung mit Quellenverweisen wurden diese hier nicht noch einmal angeführt.

Methodenillustration: Karteikarten mit Rollenaufgaben und -skizzen (Anhang V) 10 min

Rollenvereinbarungen, Einarbeitung und Übernahme von vier Grundrollen 10 min (ggf. Dopplungen): Fallgeberin (FG), Moderatorin (MO), Beraterin (BER) und Beobachterin (BEO):
Rollenverteilung: Wer will in welcher Funktion die Fallbearbeitung begleiten? Ggf. ähnliche Erfahrungen oder spezielle Ressourcen nutzen.

Ab jetzt steigt die Moderatorin in ihre Aufgabe ein und die Initiatorin der Intervisionsgruppe ist nur noch als Backup zur Hilfestellung zuständig (3. Schritt in Richtung Gruppenselbstständigkeit).

Solange die Initiatorin an den Sitzungen teilnimmt, übernimmt sie die Einstiegsmoderation der Sitzung bis zu den Rollenvergaben für die Gruppe und unterstützt den Gruppenprozess durch Beobachtungsaufgaben und Feedback.

MO: Darstellung des gewählten Anliegens der Fallgeberin u. Nachfragen der Beraterinnen 15 min

FG: Schreibimpuls 4: „Anliegen Berufsrolle" (Monolog zum Rollenstück).
Du hast jetzt Gelegenheit, einen Monolog zu Deiner Berufsrolle für die Bühne zu schreiben. In diesem Monolog, den Du als Puppe auf Deiner Arbeitsbühne präsentierst, kannst Du frei zu Deiner Berufsrolle sprechen. Um das Wesentliche Deiner Rolle zu verstehen, können folgende Fragen für Dich hilfreich sein. Nutze sie, wenn Du magst und gib Antworten auf diese Fragen in Deinem Monolog:

- *Was beschreibt Deine Rolle am besten?*
- *Welche Erwartungen werden an Deine Rolle gestellt? Von Dir und von anderen?*
- *Welche Erwartungen kannst Du erfüllen, welche Erwartungen kannst Du vielleicht nicht erfüllen?*
- *Gibt es Erwartungen, die Du vielleicht nicht erfüllen willst? Wenn ja, welche sind das?*
- *Welche Erwartungen an Dich findest Du nicht angemessen?*
- *Erinnere Dich auch an die Einflüsse auf Dein berufliches Handeln, die wir als Fäden einer Marionette kennengelernt haben, die Dein Berufsleben repräsentiert (vgl. Schreibimpuls 2 Sitzung 1).*
- *Welche Fäden möchtest Du in Deinem Monolog ansprechen, damit die Marionette auf Deiner Arbeitsbühne im „richtigen" Licht erscheint?*

MO und BER: Während der Schreibzeit der FG machen sich die anderen Gruppenmitglieder vertieft mit ihren aktuellen Rollenaufgaben vertraut und studieren die Rollenkarten (Anhang V).

BEO: Methodenillustration: Insbesondere die **Beobachtungsrolle ist herausfordernd, unterstützend kann der Beobachtungsbogen für die Rückmeldung der Beobachterinnen (Anhang VI)** sein.

FG: Vorlesen des Monologs zur Berufsrolle

BER: Schreibimpuls 5: „Resonanzrunde"
Ihr habt jetzt einen Monolog zu einem Berufsrollen-Anliegen gehört. Was hat dieser in Euch ausgelöst? Was habt Ihr beim Vorlesen gefühlt? Was hallt in Euch nach? Wie geht es Euch damit? Schreibt ein Freewriting für 3 min.

Vorleserunde und Feedback (FG).

BEO notiert Beobachtungen im Beobachtungsbogen (Anhang VI)

MO: Situationsanalyse, Fragen und Hypothesen zum Problem durch die Beraterinnen   15 min

MO: *Problembild Fallgeberin* – Überlege nun, welchen Titel Dein Stück über Deine Berufsrolle haben könnte oder wie der 1. Akt überschrieben sein könnte, den Du eben präsentiert hast. Gibt es vielleicht ein inneres Bild, eine Metapher oder eine Analogie, die zu Deinem Monolog über Deine Berufsrolle passen könnte?

Feedback der BER zum gewählten Titel bzw. zum Bild, zur Metapher oder zur Analogie; auch alternative Titelentwürfe können vorgeschlagen werden, wenn sie eine spontane Reaktion auf den präsentierten Rollen-Monolog darstellen.

Alternative BER-Interventionen zur Problemsituation: (Anzahl zeitabhängig bestimmen) (MO).
BER: *Kopfstandbrainstorming:* Wie könnte man die Situation verschlimmern? Oder anders gefragt: Wie müsste der Monolog über die Berufsrolle dann aussehen, wenn sich die Situation verschlimmert? Würden vielleicht weitere Gesprächspartnerinnen/Marionetten auf die Bühne kommen? Wie sähe das Stück über die Berufsrolle dann aus, wenn aus dem Monolog ein Dialog würde, ein Gruppengespräch oder ein Chor?
BER: *Relativierungen durchdenken:* Was wäre schlimmer als das, was im Monolog gesprochen wurde?
BER: *Eigene Anteile klären:* Was könnten die eigenen Anteile der FG am Problem sein (Hypothesen).

FG: Spontane Reaktion auf Fragen und Prüfung bzw. Priorisierung der Hypothesen, die mit den Interventionen verbunden sind, durch die Fallgeberin, um Ideen für den Umgang mit dem Anliegen zu explorieren.

BEO notiert Beobachtungen im Beobachtungsbogen (Anhang VI)

BER: Erarbeitung von Lösungen (Beraterinnen) u. Bewertung der Lösungsideen (FG)   20 min

Alternative BER-Interventionen zur Problemlösung/dem Umgang mit dem Anliegen: (Anzahl zeitabhängig bestimmen) (MO)
BER: *Zwei wichtige Informationen:* Was sind die zwei wichtigsten Informationen zum Anliegen?
BER: *Neuformulierung der Frage:* Möchte die FG ihr Anliegen umformulieren? (Hierbei wird vorausgesetzt, dass hinter dem Anliegen eine relevante Frage zur Berufsrolle steckt.)
BER: *Ein erster kleiner Schritt?* Was könnte ein erster Schritt zur Lösung, zur Handhabung des Themas sein?

Beantworten der Fragen bzw. Bewertung der Hypothesen durch FG.

BEO notiert Beobachtungen im Beobachtungsbogen (Anhang VI)

BER: *Schreibimpuls 6: „Brain-/Actstorming"*
Was könnte man in einer solchen Situation alles tun? Denke noch einmal an den Monolog, den Du eben von Deiner Kollegin gehört hast. Du kennst die Marionette(n) ihrer Bühne ja schon, wie könnte das Spiel weiter gehen? Du bist jetzt die Regisseurin. Du kannst jetzt die Fäden ziehen. Du kannst jetzt weitere Puppen auf die Bühne holen. Schreibe ein Gespräch der Puppen für die nächsten 10 min. Auch ein inneres Zwiegespräch der Fallgeberin ist möglich. Weise in diesem Stück eine Richtung für einen möglichen alternativen Umgang mit dem Anliegen Deiner Kollegin. Du bist völlig frei in der Wahl Deiner Bühneninszenierung. Du bist Drehbuchschreiberin eines Improvisationstheaters. (10 min)

FG nutzt die Schreibzeit zu Notizen über das bisherigen Intervisionserleben in Sitzung 2 für die Abschlussrunde.

(*Optional:* BEO und MO können in der Schreibzeit der BER still für sich Überlegungen darüber anstellen, welche Schreibaufgaben an dieser Stelle noch möglich gewesen wären. Dadurch soll die schreibpädagogische Kompetenz der Teilnehmenden genutzt und gestärkt werden. Die Notizen werden für die spätere eigenständige

Intervisionsarbeit der Gruppe aufbewahrt. Sie werden in der aktuellen Intervisions-sitzung nicht ausgewertet. Alternativ nutzen diese Teilnehmenden die Zeit für ein Freewriting zum bisherigen Intervisionsgeschehen.)

Vorleserunde, Feedback bzw. Bewertung der Lösungsideen durch FG

BER: Hat sich etwas an Deiner Sicht auf das Anliegen zur Berufsrolle verändert? Wenn ja, wie?

FG nimmt ggf. Reformulierung des Anliegens vor

MO: Prozessreflexion durch Beobachtungsergebnisse, Feedback sowie Ergeb-nissicherung 10 min

BEO: Einbringen der Beobachtungen über den Intervisionsprozess

MO: *Stimmungsbarometer oder Skalierung:* Wie gut oder schlecht auf einem Kon-tinuum von 1 bis 10 ist die Stimmung der Gruppe? Wie zufrieden seid Ihr mit den Ergebnissen der Sitzung?

Erneute Übernahme der Abschlussmoderation durch die Initiatorin der Intervisi-onsgruppe

Methodenillustration: Mit der eigenen Reflexion in Kontakt bleiben (Anhang VII)   5 min

• Einführung der Fragen für das persönliche Arbeitsjournal der Teilnehmenden
• Fragen zu persönlichen Erfahrungen
• Fragen zum Intervisionsverlauf
• Fragen zu den Schreiberfahrungen

Arbeitsauftrag an alle: Vertraut machen mit dem Arbeitsjournal und Durch-führung dieser Nachbereitung der Sitzung; ggf. auch Reformulierung des Gruppenvertrages bzw. der Präambel

Verabschiedung, Verabredung zu Termin-/Raumarrangements sowie Pro-grammausblick 5 min

6.3 SITZUNG 3 Dauer: 150–180 min

BEZIEHUNGEN zu Klientinnen in Dynamik und Konfliktpotenzial reflektieren

Begrüßung, Vorstellung des Sitzungsthemas „Beziehungen zu Klientinnen" und
Beziehungsmanagement als Schlüssel zum professionellen Handeln 15 min

Einstiegsübung: „Auf dem Weg zur Gruppe" (in Anlehnung an Vopel, 2014, 90).
Die Teilnehmenden beantworten zum Einstieg folgende Fragen: Wie bist Du heute hierhergekommen? Welche Gedanken und Gefühle haben Dich begleitet? Welche Erwartungen hast Du heute an die Gruppe? Wie hast Du Dich hier in den ersten Minuten gefühlt? Wie geht es Dir jetzt? Auch mit Blick auf das Thema Beziehungen?

Kennenlernen der Teilnehmenden und ihrer Klientinnen als Schreib-Persönlichkeiten 20–30 min

Schreibimpuls 1: „Ich als schreibende Person" (nach Bräuer, 2021, 107)
Entwirf von Dir einen Steckbrief als schreibende Person. Was ist Deine Art zu schreiben? Wie kannst Du sie skizzieren? Worin bestehen die Stärken und die Schwächen Deines Schreibhandelns? Worin besteht das Typische in der Art und Weise wie Du Texte verfasst? (7 min)

Vorlese- und Feedbackrunde

Schreibimpuls 2: „Typische Klientinnen als schreibende Personen" (nach Bräuer, 2021, 107)
Entwirf nun einen kurzen Steckbrief Deiner typischen Klientinnen als schreibende Personen. Was ist ihre Art zu schreiben? Wie kannst Du sie skizzieren? Worin bestehen die Stärken und die Schwächen ihres Schreibhandelns? Vielleicht ist Deine Klientel aber auch ganz unterschiedlich. Dann suche Dir einen Kliententypus aus, über den Du hier arbeiten möchtest und beantworte die Fragen für diesen Typ. (7 min)

Vorlese- und Feedbackrunde

Einführung und Erhebung der aktuellen Anliegen in der Gruppe 20 min

Schreibimpuls 3: „Fragenkatalog" (nach einer Idee von Hippe, 2019, 58 f.)
Fragen erschaffen für uns Räume und sie setzen unsere Phantasie in Gang. Sie sind der Stoff, aus dem heute unser erstes Bühnenstück besteht. Ihr steht jetzt alle als Puppen auf der Bühne, als Marionetten auf Eurer Arbeitsbühne. Ihr hängt an Euren Fäden oder haltet Euch an manchen von ihnen fest. Vielleicht vergewissert Ihr Euch auch gerade, welche Eurer Fäden Euch Sicherheit geben im Umgang mit schwierigen Klientinnen? Vielleicht gibt es auch Fäden, die Euer Verhalten Klientinnen gegenüber bestimmen?

Und jetzt schaut von der Bühne ins Publikum. Im Publikum vor Eurer Bühne sitzen Eure Klientinnen. Euch trennt nur der Orchestergraben. Schaut Sie an. Die Scheinwerfer sind jetzt auf Eure Klientinnen gerichtet. Sie sind da, um Eure Fragen entgegenzunehmen. Was fragt Ihr Eure Klientinnen? Was wolltet Ihr sie vielleicht schon immer einmal fragen? Schreibt bitte alle Fragen auf, die Ihr an die Klientinnen habt. Ihr habt 8 min. (Denkt nicht beim Schreiben nach, was Eure Fäden zu Euren Fragen sagen.) Fragt einfach! Und schreibt auf, wie Ihr fragt. Also gebt bitte auch ein paar Regieanweisungen in Euren Fragenkatalog.

Vorleserunde

Rollenvereinbarungen und Übernahme von vier Grundrollen (ggf. Dopplungen) 10–15 min
Fallgeberin (FG), Moderatorin (MO), Beraterin (BER) und Beobachterin (BEO):

Imaginäre Skala zur stillen Fallauswahl: Wie wichtig ist mir heute die Besprechung meines Anliegens zu Klientinnenbeziehungen auf einer Skala von 0–100? (Die höchste Zahl führt zur Auswahl des Falls.)

ALLE außer FG: Schreibimpuls 4: „Rollenverteilung"
Es gibt drei Stellen, auf die Du Dich als Intervisionsexpertin bewerben kannst: Moderatorin, Beraterin und Beobachterin. Überlege, worin Deine Stärken als Kollegin bestehen. Was kannst Du besonders gut? Für welche Stelle bist Du die richtige Bewerberin? Lobe Dich in höchsten Tönen. Schreibe ein Bewerbungsschreiben von 1 Seite. (5 min).

(FG kann in dieser Zeit weitere Notizen zu ihrem Anliegen machen oder alternativ ein Freewriting zu ihrem Erleben, sie wird ja gleich mit einem wichtigen Beziehungsanliegen im Mittelpunkt der Gruppe zu stehen.)

Vorlese- und Feedbackrunde sowie **Rollenentscheidungen der Gruppe** und Erinnerung an die Karteikarten mit Rollenaufgaben und -skizzen (Anhang V).

Mo: Darstellung des gewählten Anliegens (Fallgeberin)/Nachfragen der Beraterinnen 20–25 min

FG: Schreibimpuls 5: „Leerer Stuhl" (nach Leveton, 2004, 117)
Stell Dir nun vor, dass vor Dir ein leerer Stuhl steht. Nun hole Dir gedanklich die Klientin aus dem Publikum auf Deine Bühne, mit der Du gerne sprechen möchtest. Setze sie auf den leeren Stuhl vor Dir. Schau sie an und erzähle uns, was Du siehst. Bitte Sie vielleicht, die Fragen zu beantworten, die Du eben in der Übung „Fragenkatalog" an sie gestellt hast. Vielleicht möchtest Du Ihr auch Fragen stellen, die Deine Kolleginnen in ihrem Fragenkatalog aufgelistet haben? Welche Antworten gibt Dir Deine Klientin? Und was entgegnest Du ihr auf ihre Antworten? Wie geht es Euch dabei? Was fühlst Du? Schreibe für uns Euren Dialog auf. Lass ihn einfach fließen. Lies Dir den Dialog dann noch einmal durch. Dann denke an die wichtigsten Regieanweisungen für Dein Stück und füge sie noch in den Text ein, sodass der Dialog für uns noch anschaulicher wird. Schreibe für 10 min. Dann lies Deinen Text vor.

MO, BER, BEO: Während der Schreibzeit der FG machen sich die anderen Gruppenmitglieder vertieft mit ihren aktuellen Rollenaufgaben vertraut und studieren die **Rollenkarten (Anhang V und VI).**

(PAUSE bei Bedarf 15 min)

Vorlesen des Dialogs (FG)

BER: *Sharing:* An welche eigenen Erfahrungen erinnert Euch der geschilderte Dialog? MO leitet dazu eine Feedbackrunde an.

BER: *Suche nach Ausnahmen:* Ist das immer so mit Deiner Klientin und Dir oder gibt es da auch Ausnahmen? Gibt es auch Situationen, in denen Ihr Euch ganz anders begegnet? Gibt es „gute" Momente der Klarheit, Harmonie, Leichtigkeit, des Verständnisses, der Ruhe oder Zufriedenheit? Momente, von denen Du sagen würdest: „Ja, so ist unsere Beziehung in Ordnung"? Was auch immer die Beziehung zu dieser Klientin schwer macht, suche nach einem Moment, in dem diese Schwere nicht da war. Wann war das? Und was war in diesem Moment anders zwischen Euch?

FG: beantwortet Fragen und diskutiert Hypothesen nach persönlicher Relevanz

BEO notiert Beobachtungen im Beobachtungsbogen (Anhang VI)

MO: Situationsanalyse, Fragen und Hypothesen zum Problem durch die BER 15 min

Alternative BER-Interventionen zur Situationsanalyse und Problempräzisierung: (Anzahl zeitabhängig bestimmen) (MO)
BER: *Fragen zur Situationsschilderung: Wie erlebe ich solche Situationen mit Klientinnen? Wie erlebe ich mich in diesen Beziehungen? Was für Beziehungen sind das? Was macht ihre Dynamik, ihr Konfliktpotenzial aus? Gibt es eine gemeinsame Klammer dafür? Was sind meine Gedanken und Gefühle dazu? Wie könnte der Titel für das Stück lauten, das eben auf dem leeren Stuhl gespielt wurde? MO leitet dazu eine Feedbackrunde an.*
BER: *Was könnte die Schlüsselfrage für die dargestellte Beziehung zur Klientin sein?*
BER: *Ambivalenzen nachspüren: Was von der dargestellten Beziehungsdynamik möchte jemand loslassen, was möchte FG davon behalten?*

FG: Reaktion auf Fragen und Prüfung bzw. Priorisierung der Hypothesen durch die Fallgeberin

FG gibt Feedback zu den angebotenen Beziehungscharakterisierungen, Titelentwürfen, Schlüsselfragen etc.

BEO notiert Beobachtungen im Beobachtungsbogen (Anhang VI).

BER: Erarbeitung von Lösungen (BER)/Bewertung der Lösungsideen (FG) 30 min

Alternative BER-Interventionen zur Problemlösung/zum Umgang mit dem Anliegen: (Anzahl zeitabhängig bestimmen) (MO)
BER: *Paradoxe Frage:* Du hast bisher die Situation bewundernswert getragen. Wie hast Du das gemacht?
BER: *Angstfreiheit:* Was würdest Du mit der Klientin machen, wenn Du völlig angstfrei wärest?
BER: *Ressourcenorientierte Fragen:* Was hat dazu beigetragen, dass es mit dieser Klientinnenbeziehung nicht schon viel schlimmer geworden ist?
BER: *Zirkuläre Fragen:* Angenommen, ich frage Deine „beste" Kollegin, wie würde sie auf die Beziehung sehen?

FG gibt Feedback zu den angebotenen Fragen und Hypothesen.

BEO notiert Beobachtungen im Beobachtungsbogen (Anhang VI).

BER: Schreibimpuls 6: „Mini-Drama" für BER (nach einer Methode von Hippe, 2019, 61)

Schreibt jetzt ein kleines Stück, in dem sich die beiden Marionettenpuppen, die FG und ihre Klientin auf der Bühne begegnen. Es genügt ein szenischer Einfall. Euch stehen alle dramatischen Mittel zur Verfügung. Lasst sie z. B. mit oder auf dem „leeren Stuhl" tanzen oder damit kämpfen. Hüllt die Bühne in ein neues Scheinwerferlicht. Gibt es eine Retterin für die FG, die plötzlich auf der Bühne erscheint? Oder vielleicht eine Retterin, die der Klientin zur Seite steht? Möchtet Ihr vielleicht neue Fäden für die beiden Puppen spinnen, an denen sie hängen bzw. auf die sie vertrauen können, dass sie ihnen Halt geben? Welche könnten das sein? Gibt es vielleicht auch einen Faden, den niemand mehr braucht? Dann bringt eine Schere auf die Bühne. Und wie geht es den beiden Marionetten? Nähern sie sich an oder vergrößert sich vielleicht eine Distanz? Was entwerft Ihr auf Eurem Papier? Ein Drama oder eine Komödie? Ihr könnt entscheiden. Schreibt für 10 min.

(*Optional:* BEO und MO können in der Schreibzeit der BER still für sich Überlegungen darüber anstellen, welche Schreibaufgaben an dieser Stelle noch möglich gewesen wären. Dadurch soll die schreibpädagogische Kompetenz der Teilnehmenden genutzt und gestärkt werden. Die Notizen werden für die spätere eigenständige Intervisionsarbeit der Gruppe aufbewahrt. Sie werden in der aktuellen Intervisionssitzung nicht ausgewertet. Alternativ nutzen diese Teilnehmenden die Zeit für ein Freewriting zum bisherigen Intervisionsgeschehen.)

FG notiert in der Schreibzeit der BER Eindrücke zum bisherigen Intervisionsgeschehen für die spätere Auswertungsrunde.

Vorlese- und Feedbackrunde

FG gibt Feedback zu den angebotenen Szenarien, korrespondierenden Hypothesen und zu ihrer Befindlichkeit.

MO: Prozessreflexion durch Beobachtungsergebnisse, Feedback sowie Ergebnissicherung 20 min

BEO: Einbringen der Beobachtungen über den Intervisionsprozess.

MO: *Schreibimpuls 7 für alle: „Blitzlicht und Haiku"*
Ihr habt heute viel gesehen auf der Bühne, auf der wir als Schreibpädagoginnen, -beraterin oder -coach unseren Klientinnen begegnen. Was empfindet Ihr nun, was nehmt Ihr wahr hier in unserer Gruppe? Was wünscht Ihr Euch für Euch und Eure Beziehungen zu Klientinnen auf Euren persönlichen Arbeitsbühnen? Hinter uns liegt ein lebendiger Austausch. Zum Abschluss wollen wir in Worte fassen, was uns jetzt bewegt, was wir wahrnehmen, was wir fühlen, was wir uns jetzt wünschen. Statt vieler Worte machen wir ganz wenige und verfassen ein Haiku zu unserer Stimmung in 5 min. Folgt der Anleitung:

Zeile	Silben	Inhalt
1	5	Ein Objekt, eine Empfindung oder ein Gefühl
2	7	Eine konkrete Situation oder ein Geschehen
3	5	Unerwartete, überraschende Wendung

Vorlese- und Feedbackrunde

ALLE: *Schreibimpuls 8: „Positive Gedanken" (nach Vopel, 2014, 49) zum Ausklang*
Stell Dir vor, Du sitzt auf einem bequemen Stuhl in einem leeren, weißen Raum, in dem es still und friedlich ist. (Nirgendwo ist ein leerer Stuhl zu sehen ...) Am Ende des Raums ist eine Drehtür. Positive und negative Gedanken kommen und gehen hindurch. Sobald ein Gedanke auftaucht, der kritisch ist, verwandle ihn in eine kleine Feder, die durch den Raum schwebt und dann durch die Drehtür aus Deinem Bewusstsein verschwindet. Beobachte Deine Gedanken und lass sie mühelos im Raum hinausschweben. Wenn Du einen positiven Gedanken bemerkst, begrüße ihn freundlich und lasse ihn auch aus dem Raum schweben. Lege dann ein leeres Blatt bereit und schreibe auf, was Du in dem Raum erlebt hast. (6 min)

(Der Schreibimpuls 8 ist vor allem für Situationen vorgesehen, in denen die Arbeit an den Beziehungen sehr anstrengend und fordernd war. Die Sitzung soll entspannt und mit einer gewissen Leichtigkeit enden.)

MO: Arbeitsauftrag an alle: Weiterführung des persönlichen Arbeitsjournals

Verabschiedung, Verabredung zu Termin-/Raumarrangements sowie Programmausblick 5 min

6.4   SITZUNG 4   Dauer: 150–180 min

BELASTUNGEN in der Berufsrolle erkennen und Entlastungsideen entwickeln.

Begrüßung, Vorstellung des Sitzungsthemas „Belastung" und Belastungsmanagement als wichtiger Bestandteil von Selbstfürsorge im Beruf 10–15 min

Schreibimpuls 1: „Selbstfürsorge"
Was ist für Dich Selbstfürsorge? Wann hast Du sie zuletzt gebraucht in Deinem Berufsleben und auch für Dich gezeigt? Was hast Du getan und was war der Anlass für Deine Selbstfürsorge? Schreibe ein Freewriting für 3 min.

Vorlese- und Feedbackrunde

Einführung und Erhebung der aktuellen Anliegen in der Gruppe   20–25 min

Schreibimpuls 2: „Listentext Belastungserleben im Beruf u. Brief an die Last"
(nach Ideen von Alers 2020, 112)
Im Berufsalltag, in dem wir mit Menschen und ihren Problemen umgehen, sind wir stark gefordert. Das kann als belastend erlebt werden. Was sind Eure persönlichen Belastungen im Beruf? Schreibt einen Listentext mit dem Satzanfang: „In meinem Beruf erlebe ich als belastend, …". Schreibt bis ihr 10 mal diesen Satz vervollständigt habt.

Dann lest Eure Belastungsliste noch einmal durch und entscheidet Euch für eine Belastung, mit der Ihr weiterarbeiten wollt. Kreist dieses Belastungsthema ein. Jetzt nehmt ein zweites Blatt und schreibt Eurer Belastung einen Brief. Vielleicht hat Eure Belastung ja auch einen Namen? Dann schreibt sie so an. Wenn nicht, dann gebt Ihr einen Namen, der sie gut charakterisiert. Welcher würde denn passen?

Erinnert Euch in diesem Brief an (Name Eurer Belastung) an alles, was Ihr schon mit ihr erlebt habt. Stellt Euch vor, Ihr schaut ein Fotoalbum an, in dem Eure intensivsten gemeinsamen Erlebnisse festgehalten sind. Was seht Ihr auf diesen Bildern? Wie ist es Euch mit Eurer Belastung ergangen? Schreibt einen persönlichen Erinnerungsbrief für 10 min.

Vorlese- und Feedbackrunde

Rollenvereinbarungen und Übernahme von vier Grundrollen (ggf. Dopplungen) 5 min
Fallgeberin (FG), Moderatorin (MO), Beraterin (BER) und Beobachterin (BEO):

In Sitzung 4 werden die Rollen per Los verteilt. Es sei denn, jemand kennt keinerlei Belastungen im Beruf, dann würde sich die Rolle der FG ausschließen. Zur Zufallsverteilung werden die Karteikarten mit den Rollenbeschreibungen (siehe Anhang V und VI) gemischt und mit dem Schriftbild nach unten auf den Tisch/Boden gelegt und dann sukzessive von den Teilnehmenden gezogen.

MO: Darstellung des ausgewählten Anliegens der FG u. Nachfragen der BER 20 min

FG: Schreibimpuls 3: „Die Doppelgängerin der Belastung" (in Weiterentwicklung von Leveton, 2004, 73).
Du hast Deiner Belastung schon einen Namen gegeben. Nun soll sie als Mitspielerin auf Deiner Bühne auftreten. Wie müssen wir uns Deine Belastung vorstellen? Ist sie groß, klein, dünn, dick? Ist sie selbstbewusst, stolz, arrogant oder ganz anders, z. B. gramgebeugt und klagend? Und woran ist das zu erkennen? Kleide die Belastung in Deiner Vorstellung so wie es für sie typisch ist und wähle aus der Requisitenkammer alles aus, um sie angemessen auszustatten.

Bis jetzt ist Deine Belastung selbst noch nicht zu Wort gekommen. Das soll sich nun ändern. Schreibe ein Drehbuch für ihren Auftritt. Auf der Bühne soll sie darstellen, was es bedeutet, Deine Belastung zu sein. Deine Belastung ist nicht allein im Spiel. Hinter ihr steht noch ihre Doppelgängerin, die sich gut in sie einfühlen kann. Sie ist eine Belastung, die Dich schon aus der Vergangenheit kennt. Immer wenn Deine Belastung etwas darüber erzählt, beklagt, tratscht oder berichtet, wie sie Dich in Deinem Berufsleben erlebt, kommt von der Doppelgängerin eine Konkretisierung, eine Erinnerung, eine Parallele, eine Episode aus Deinem Leben. Die Doppelgängerin hilft mit ihren Gesprächsbeiträgen, Deine jetzige Belastung besser zu verstehen. Zeige dem Publikum Deines Stücks auch, wie wir uns die Belastung aus Deinem früheren Leben vorstellen können. Lass auch sie als Figur lebendig werden. Schreibe 15 min.

Für das Verhältnis/die Kommunikation von Belastung und Doppelgängerin gelten folgende Regeln aus dem Psychodrama:

- *Die Doppelgängerin ist ein Teil der Belastung, sie gehört immer zu ihr.*

- *Die Doppelgängerin kann etwas ausdrücken, was im Spiel der Belastung noch verborgen ist.*
- *Die Doppelgängerin folgt, sie führt nicht.*
- *Die Doppelgängerin darf die Belastung herausfordern, darf sie aber nicht verlieren.*
- *Die Doppelgängerin kann gut die Perspektive der Belastung übernehmen.*
- *Die Doppelgängerin kann für die Belastung deren wahre innere Stimme sein.*

(MO, BER, BEO: Zur Sensibilisierung aller Teilnehmenden für diese herausfordernde Perspektivenübernahme schreiben MO, BER und BEO auch ein solches Skript, das sie im Nachgang der Intervisionssitzung in ihrem Arbeitsjournal auswerten können. Je nach Interesse und Zeitbudget, kann sich die Gruppe auch für einen zweiten Durchlauf „Belastung und Doppelgängerin" entscheiden.)

PAUSE (bei Bedarf 15 min)

FG: Vorlesen des Stückeentwurfs „Die Doppelgängerin der Belastung"

MO: Situationsanalyse, Fragen und Hypothesen zum Problem durch die Beraterinnen 20 min

Alternative BER-Interventionen zur Situationsanalyse und Problempräzisierung: (Anzahl zeitabhängig bestimmen) (MO).
BER: *Auftauchende Bilder/Assoziationen:* Welche Erinnerungen, Gedanken, Bilder, Phantasien löst das Stück in der Gruppe der BER aus?
BER: *6 Fragen an die FG stellen:* Was fühlst Du (jetzt)? Was willst Du (jetzt)? Was tust Du (jetzt)? Was vermeidest Du (jetzt)? Was erwartest Du (jetzt)? Was befürchtest Du (jetzt)?
BER: *Aufrechterhaltung des Problems:* Was könnte ungewollt zur Aufrechterhaltung der Belastung beitragen?

MO: Reaktion FG auf die von BER ausgewählten Fragen bzw. Prüfung von Hypothesen, die darin stecken, durch die Fallgeberin

BEO notiert Beobachtungen im Beobachtungsbogen (Anhang VI)

MO: Erarbeitung von Lösungen (BER) / Bewertung der Lösungsideen (FG)   20–30 min

Alternative BER-Interventionen zur Problemlösung/zum Umgang mit dem Anliegen: (Anzahl zeitabhängig bestimmen) (MO)

BER: *Hypothesen formulieren:* Angepasst an die Bühneninszenierung:
Könnte es sein, dass a mit b zusammenhängt?
Könnte es sein, dass a die Ursache für b ist?
Findet b immer statt, wenn a gegeben ist?
Könnte a das Auftreten von b verstärken?
Könnte a vielleicht b anzielen? Könnte eventuell a so etwas bedeuten wie b?

Mit a und b sind Ereignisse und Situationsbedingungen des Belastungskontexts gemeint, die nun versuchsweise in einen Sinn-Zusammenhang gebracht werden und das Belastungsgeschehen und -erleben der Fallgeberin – früher und heute – nachvollziehbar machen. So können Handlungsalternativen exploriert werden.

BER: *Den heimlichen Gewinn klären:* Worin könnte in der Belastung für Dich ein Gewinn stecken?
BER: *Problem-Nichtexistenz:* Was wäre in Dir und für Dich anders, wenn es das Problem nicht gäbe?
BER: *Dissoziierende Fragen:* Wie würde denn ein völlig Unbeteiligter Deine Belastung schildern oder handhaben?
BER: *Wunderfrage:* Über Nacht ist ein Wunder geschehen. Deine berufliche Belastung ist verschwunden. Wie wirst Du entdecken, dass das Wunder geschehen ist? Woran merken andere Personen, z. B. Deine Klientinnen, dass das Wunder geschehen ist und Deine Belastung nicht mehr da ist?

MO: Reaktion FG auf Fragen und Prüfung bzw. Priorisierung der Hypothesen, die darin eventuell enthalten sind, durch die Fallgeberin

BEO notiert Beobachtungen im Beobachtungsbogen (Anhang VI)

MO: Prozessreflexion durch Beobachtungsergebnisse, Feedback sowie Ergebnissicherung 30 min

BEO: Einbringen der Beobachtungen über den Intervisionsprozess

MO: *Prozessreflexion:* Feedbackrunde zum Prozess und zum Ergebnis
Wie ist das Ergebnis der Problemlösung zu bewerten? Wie wurde der Gruppenprozess erlebt? Wie haben welche Methoden funktioniert? Welche Beobachtungen

zu welchen Rollen und zum Prozess wurden gemacht? Welche Schlussfolgerungen, Arbeitsaufträge oder sich anschließende Anliegen für die Intervision können identifiziert werden? (4. Schritt in die Selbstständigkeit der Gruppe)

ALLE: Schreibimpuls 4: „Oase der Selbstfürsorge"
Selbstfürsorge wächst in einem Land, in dem es Oasen für Dich gibt. Das sind Orte, an denen Du Deine eigene Befindlichkeit besonders gut spüren kannst und Du alles von Bäumen pflücken kannst oder aus Quellen schöpfen kannst, was Du brauchst. Hier kannst Du Ruhe finden und Kraft schöpfen. Was immer Du auch dafür benötigst, Du wirst es hier finden. Was brauchst Du als Selbstfürsorge, um Belastungen in der Zukunft zu begegnen? Schreibe hierzu ein Freewriting in 5 min zu dem, was die Oase für Dich bereithalten sollte.

Dann lies Deinen Text noch einmal in Ruhe durch und fasse seinen Inhalt in eine lyrische Kurzform, das Sevenaar (nach Unterholzer, 2021, 97*). Folge dafür der nachfolgenden Anleitung: (5 min)*

Sevenaar zur Oase der Selbstfürsorge

1.	Zeile:	ein Platz/ein Ort
2.	Zeile:	ein Ich-Satz mit einer Tätigkeit
3.	Zeile:	ein Vergleich
4.	Zeile:	ein Detail aus einer der vorhergehenden Zeilen
5.	Zeile:	eine Erweiterung
6.	Zeile:	ähnlich wie Zeile 2
7.	Zeile:	ähnlich wie Zeile 3

Vorlese- und Feedbackrunde

MO: Arbeitsauftrag an alle: Weiterführung des persönlichen Arbeitsjournals und ggf. den eigenen Dialogtext „Belastung und Doppelgängerin" im Arbeitsjournal auswerten

Verabschiedung, Verabredung zu Termin-/Raumarrangements sowie Programmausblick 5 min

6.5   SITZUNG 5   Dauer: 150–180 min

VERÄNDERUNGSWÜNSCHE explorieren und Innovationen vorbereiten

Begrüßung, Vorstellung des Sitzungsthemas „Veränderungswünsche" im Beruf   30 min

- Fokus heute: nicht die Veränderungsgegenstände selbst, sondern die Frage „Warum sind wir nicht schon da, wo wir sein wollen?"
- Veränderungswünsche durch innere Impulse, Erfahrungen oder Reflexion
- Veränderungsnotwendigkeiten aufgrund äußerer Umstände
- Veränderung und Angst vor Instabilität
- Veränderung und Aufgabe einer Komfortzone
- Weiterentwicklung im Schreiben als Experimentierraum und als Jonglieren mit Möglichkeiten

Partnerinneninterview/„Hebammengespräch":
Welche Idee für eine Veränderung in Deinem schreibpädagogischen Handeln hast Du? Wie stellt sich das genau dar? Was willst Du ändern und warum? Interviewzeit: 2 × 5 min, Inhalte werden nur im Tandem, nicht in der Gruppe geteilt. Die Anliegen können aber in der Abschlussübung aktualisiert werden.

Schreibimpuls 1: „Veränderung und Ambivalenz"
Lese die drei untenstehenden Aussagen über Veränderungen und überlege, welche dieser drei Aussagen Dich heute am meisten anspricht. Dann konzentriere Dich auf den für Dich ansprechendsten Satz. Schreibe dazu ein Freewriting, das auch Deine aktuelle Sicht auf das Thema Veränderung in Deinem beruflichen Handeln einbeziehst. (7 min)

- *„Die reinste Form des Wahnsinns ist es, alles beim Alten zulassen und gleichzeitig zu hoffen, dass sich etwas ändert." (Albert Einstein)*
- *„Ich weiß nicht, ob es besser wird, wenn es anders wird. Ich weiß nur, dass es anders werden muss, wenn es besser werden soll." (Georg Christoph Lichtenberg)*
- *„Mögen hätt´ ich schon wollen, aber dürfen hab´ ich mich nicht getraut." (Carl Valentin)*

Vorlese- und Feedbackrunde

Einführung und Erhebung der aktuellen Haltungen zu Veränderungen in der Gruppe 15–20 min

Schreibimpuls 2: „Was unsere innere kritische Stimme sagt"-Liste (Hippe, 2019, 36 in Anlehnung an Schulz von Thun 2016).
Unsere innere kritische Stimme als Teil unseres inneren Teams ist die Instanz in uns, die bewertet, einordnet und vergleicht. Sie dient der Orientierung und Konzentration. Sie schützt uns vor Risiken, aber hindert uns daran, Neues zu finden oder zu tun. Überlege nun, was Deine innere kritische Stimme sagt, wenn Du Veränderungswünsche in Deinem beruflichen Tun hegst. Schreibe in einer Liste auf, was sie Dir sagt. Schreibe in wörtlicher Rede. Schreibe für 7 min.

Schreibimpuls 3: „Was unsere innere Erlauberin sagt"-Liste
Unser inneres Team hat auch eine Erlauberin. Sie sieht die Möglichkeiten, die wir haben, unseren Mut, unsere Ressourcen, unsere Chancen zu wachsen und erfolgreich zu sein. Sie traut uns etwas zu und gibt ihr Okay zu unseren Plänen. Schreibe in einer Liste auf, was sie Dir sagt. Schreibe in wörtlicher Rede. Schreibe für 7 min.

Rollenvereinbarungen und Übernahme von vier Grundrollen (ggf. Dopplungen) 5 min
Fallgeberin (FG), Moderatorin (MO), Beraterin (BER) und Beobachterin (BEO):

MO: Heute sollen jeweils die Rollen eingenommen werden, die von den Teilnehmenden bislang noch nicht ausprobiert wurden. Bei Interessenüberschneidungen kann wieder die Losmethode helfen: Zur Zufallsverteilung werden die in Frage kommenden Karteikarten mit den Rollenbeschreibungen (siehe Anhang V und VI) gemischt und mit dem Schriftbild nach unten auf den Tisch/Boden gelegt und dann sukzessive von den Teilnehmenden gezogen, die noch keine Rolle haben.

FG: liest ihre Listen „Was unsere kritische Stimme sagt" und „Was unsere innere Erlauberin sagt" vor.

BER: Feedback zu den vorgelesenen Listen

BEO notiert Beobachtungen im Beobachtungsbogen (Anhang VI)

MO: Darstellung des ausgewählten Anliegens der FG und Nachfragen der Beraterinnen 20 min

FG: Schreibimpuls 4: „Aufstand im inneren Team – Ein Dramolett"

Stell Dir vor, Du hast einen Wunsch nach Veränderung in Deinem Beruf. Vielleicht hat Dir die Arbeit in dieser Gruppe gezeigt, dass eine Veränderung für Dich eine spannende Option sein könnte. Nun kommen Dir aber die Stimmen ins Ohr, die Du bereits aus anderen Zusammenhängen kennst: Deine innere kritische Stimme mit ihren bekannten Botschaften und dagegen steht Deine innere Erlauberin, die eine völlig andere Meinung vertritt.

Bring das Streitgespräch dieser inneren Stimmen auf Deine Arbeitsbühne und lass die Figuren lebendig werden. Ist die innere kritische Stimme ein großer strenger Zensor mit Drohgebärden oder ein ängstlicher, selbstunsicherer Zauderer, der sich kaum traut aufzumucken? Ist die Erlauberin eine alte, weise, gütige Dame, eine kecke respektlose Göre oder jemand ganz anderes? Beschreibe Dein inneres Team im Wettstreit um Deine Möglichkeiten der Veränderung. Die Devise für Dein Drehbuch heißt: Übertreibung muss sein! Du hast 15 min für Deinen zugespitzten Dialog und die wichtigsten Regieanweisungen in Deinem Drehbuch! Bediene Dich bei den Sätzen aus Deinen Listen (siehe Schreibimpuls 2 und 3).

MO, BER, BEO: Während der Schreibzeit der FG listen die anderen Gruppenmitglieder ihre persönlichen Hypothesen darüber auf, was sie in dem Bühnenstück, das gleich präsentiert wird, wohl erleben werden.

PAUSE (bei Bedarf 15 min)

FG: Vorlesen des Stücks „Aufstand im inneren Team – ein Dramolett"

BEO notiert Beobachtungen im Beobachtungsbogen (Anhang VI).

MO: Situationsanalyse, Fragen und Hypothesen zum Problem durch die Beraterinnen 15–20 min

Alternative BER-Interventionen zur Situationsanalyse und Problempräzisierung: (Anzahl zeitabhängig bestimmen) (MO).
BER: *Hemmende Faktoren und ihre Gewichtung:* Welche Faktoren hemmen Deine Veränderungswünsche am meisten und wie ist jeder Faktor auf einer Skala von 0–10 zu gewichten?
BER: *Affirming:* Welche Schritte hin zu Veränderungen sind vielleicht schon ins Auge gefasst oder geschafft und werden nur nicht gesehen?

BER: *Schreibimpuls 5: „Den heimlichen Gewinn erklären"*
Veränderungen können auch negative Wirkungen haben. Manchmal lebt es sich recht nebenwirkungsarm, wenn alles beim Alten bleibt. Siehst Du heimliche Gewinne der Fallgeberin darin, im Status quo zu bleiben und nichts zu verändern? Vielleicht hätte sie sonst nichts zu beklagen? Vielleicht genießt sie es auch, nicht perfekt zu sein? Alles ist möglich! Wie siehst Du das im Fall Deiner Kollegin? Welche positiven Nebenwirkungen hat möglicherweise ihr Widerstand gegen Veränderung? Schreibe einen freien Text für 5 min.

FG macht während der Schreibzeit Notizen zu ihrem Intervisionserleben für die spätere Auswertung.

(*Optional:* BEO und MO können in der Schreibzeit der BER still für sich Überlegungen darüber anstellen, welche Schreibaufgaben an dieser Stelle noch möglich gewesen wären. Dadurch soll die schreibpädagogische Kompetenz der Teilnehmenden genutzt und gestärkt werden. Die Notizen werden für die spätere eigenständige Intervisionsarbeit der Gruppe aufbewahrt. Sie werden in der aktuellen Intervisionssitzung nicht ausgewertet. Alternativ nutzen diese Teilnehmenden die Zeit für ein Freewriting zum bisherigen Intervisionsgeschehen.)

Vorlese- und Feedbackrunde

BEO notiert Beobachtungen im Beobachtungsbogen (Anhang VI)

MO: Reaktion FG auf die von den BER ausgewählten Fragen und Prüfung bzw. Priorisierung der damit verbundenen Hypothesen durch die Fallgeberin

MO: Erarbeitung von Lösungen (BER) und Bewertung der Lösungsideen (FG)   20 min

Alternative BER-Interventionen zur Problemlösung/dem Umgang mit dem Anliegen:
(Anzahl zeitabhängig bestimmen) (MO)
BER: *Hypothetische Lösungen:* Angenommen, Du würdest a oder b oder gar nichts tun, was würde geschehen?
BER: *Lösungsorientierte Fragen:* Wenn es bei Dir gut läuft, was hat sich dann geändert?
BER: *Hypothetische Fragen:* Wie würdest Du Dich verändern, wenn Deine gewünschte Veränderung eingetreten ist? Was denkst Du, würde Dein Umfeld tun? Was würde das wiederum auslösen? Bei Dir? Den anderen?

MO: Reaktion FG auf Fragen und Prüfung bzw. Priorisierung der damit verbundenen Hypothesen durch die Fallgeberin.

BEO notiert Beobachtungen im Beobachtungsbogen (Anhang VI)

MO: Prozessreflexion durch Beobachtungsergebnisse, Feedback sowie Ergebnissicherung 30 min

ALLE: Schreibimpuls 6: „Entlassungsschreiben an meinen Widerstand"
Denkt jetzt noch einmal an den Anfang unserer Sitzung zurück, an das Partnerinterview zu Euren ganz persönlichen Veränderungswünschen in Eurem Berufsleben. Vielleicht ist ja ein Wunsch nach Veränderung heute etwas klarer geworden. Vielleicht ist auch klarer geworden, was Eurem Wunsch nach Veränderung in Euch entgegensteht.

Nun erlaubt Euch einmal für die nächsten 10 min, Euch vorzustellen, dass Ihr diesem Widerstand gegen Eure Veränderung ganz einfach die Entlassung/Kündigung aussprecht. Überlegt Euch, wie Ihr das anstellen könntet.

Gebt Eurem Widerstand einen Namen. Schreibt ihm einen Brief, in dem Ihr Euch für seine Dienste bedankt und ihm klar macht, dass seine Zeit zu gehen nun gekommen ist. Ihr könnt Euch gerne auch noch einmal an schöne gemeinsame Zeiten erinnern. Aber kommt dann bitte wieder zu den konkreten Vorgaben für seinen Abschied zurück! Schreibt 10 min

Vorlese- und Feedbackrunde

BEO: Einbringen der Beobachtungen über den Intervisionsprozess

MO: *Prozessreflexion:* Feedbackrunde zum Prozess und zum Ergebnis: Wie ist das Ergebnis der Problemlösung (Veränderungsbereitschaft!) zu bewerten? Wie wurde der Gruppenprozess erlebt? Wie haben welche Methoden funktioniert? Welche Beobachtungen zu welchen Rollen und zum Prozess wurden gemacht? Welche Schlussfolgerungen, Arbeitsaufträge oder sich anschließende Anliegen für die Intervision können identifiziert werden? (5. Schritt in die Selbstständigkeit der Gruppe)

ALLE: Schreibimpuls 7: „Gestern – Heute – Morgen" (Haußmann, 2017, 180).
Zum Abschluss ergänzt Ihr die folgenden drei Satzanfänge. Es ist auch möglich, die Sätze mehrfach zu ergänzen.
Schreibzeit: 5 min.

Gestern wollte ich …
Heute kann ich …
Morgen wäre möglich, dass …

Gestern wollte ich …
Heute kann ich …
Morgen wäre möglich, dass …

Gestern wollte ich…
Heute kann ich …
Morgen wäre möglich, dass …

…

Vorlese- und Feedbackrunde

Arbeitsaufträge an alle:

1. **Weiterführung des persönlichen Arbeitsjournals; Anliegen für die zukünftige Gruppenintervision sammeln als Vorbereitung für die nächste Sitzung „Zwischenbilanz"**
2. **Vorbereitung der Sitzung zur Zwischenevaluation:**

Initiatorin (oder MO): An jede von Euch gibt es eine Bitte zur Vorbereitung unserer nächsten Sitzung, in der wir uns mit der Evaluation unserer bisherigen Arbeit beschäftigen wollen:

- Schaue Deine gesammelten Texte noch einmal an, die Du in der Intervisionsgruppe bislang geschrieben hast.
- Es kann auch ein Text aus Deinem Arbeitsjournal sein. („Best-of-Texte"). Überlege dann:
- Welcher Text gefällt Dir am besten?
- Welcher Text liegt Dir besonders am Herzen?
- Welcher Text sagt etwas über eine Veränderung, eine Einsicht eine gewinnbringende Reflexion aus?
- Welcher Text zeigt deine Schritte in Richtung Autonomie und souveränem beruflichem Handeln?
- Es kann auch ein kleiner Schritt sein!

MO: Bitte, das Akrostichon zur Intervision aus Sitzung 1 (Schreibimpuls 4) mitzubringen.

Verabschiedung, Verabredung zu Termin-/Raumarrangements sowie Programmausblick 5 min

6.6 SITZUNG 6 Dauer: 150–180 min

ZWISCHENEVALUATION der schreibgruppenbasierten Intervision

Begrüßung, Vorstellung der Ziele der Zwischenevaluation 10–15 min

- Persönliche Prozessreflexion
- Gemeinsame Reflexion der Gruppenprozesse
- Abschluss der ersten Gruppenphase (mit Begleitung der Initiatorin)
- Übergang zur sich selbst organisierenden Intervisionsgruppe

(6. Schritt in Richtung Gruppenselbstständigkeit)

Einstiegsübung: „Auf dem Weg zur Gruppe" (in Anlehnung an Vopel, 2014, 90)
Die Teilnehmenden beantworten zum Einstieg folgende Fragen: Wie bist Du heute hierhergekommen? Welche Gedanken haben Dich begleitet? Welche Erwartungen hast Du heute an die Gruppe? Wie hast Du Dich hier in den ersten Minuten gefühlt? Wie geht es Dir jetzt? Auch mit Blick auf die gemeinsame Zwischenbilanz?

Auswertungssitzung in Erweiterung von Ideen nach Vopel (2014, 26 f.): 25–30 min
Vorlesen der mitgebrachten „Best-of"-Texte und Kommentierung der Autorinnen zu der Frage: Warum gefällt mir der Text so gut, was ist mir daran wichtig?

Schreibimpuls 1: „Blick in die Zukunft"
Pro Person zwei neutrale Blätter vorsehen, Blatt 1 und 2:

Blatt 1: Welche (indirekten) Hinweise ergeben sich aus den gelesenen Texten für unsere weitere Intervisionsarbeit? Schreibe Deine Gedanken und Gefühle zu dieser Frage in einem Freewriting auf. Schreibzeit 5 min

Blatt 2: Schreibe nun auf, was Du Dir persönlich im Weiteren von der Gruppe versprichst? Die Textform kannst Du selbst wählen. Schreibzeit 10 min

Die Blätter 1 und 2 werden einmal gefaltet, auf den Tisch/Boden gelegt und jede zieht einen der identischen Blätter und liest aus den Wünschen vor. (2 Runden!)

Feedback- und Diskussionsrunde: Was können wir/wollen wir von den Wünschen (wie) realisieren? Hierzu erste Eindrücke sammeln für die spätere Intervisionsarbeit. (Gruppenspeicher für Sitzung 7 ff.)

Schreibimpuls 2: „Persönliche Rollen-Bilanz"   30 min
Alle Teilnehmenden sind der Einladung zur Externalisierung gefolgt, sich selbst auf der persönlichen Arbeitsbühne als Puppe zu inszenieren. Dazu wurde die Rolleninstanz „Marionette" gewählt. Von deren Fäden wurde angenommen, dass sie Stabilität geben und auch Fremdbestimmtheit symbolisieren können. Nun soll die Frage beantwortet werden, ob und wie der Blick auf die Fäden sich verändert hat (Abb. 6.1).

In den nächsten 10 min soll ein persönlicher Bilanztext zur eigenen Berufsrolle entstehen, der durch das Bild auf der Auswertungskarte (Abb. 6.1) und die nachfolgenden Fragen unterstützt wird:

* *Wer oder was übernimmt in mir die Regie?*

Abb. 6.1 Persönliche
Rollen-Bilanz zur
Autonomie in der
Intervision
schreibpädagogischer
Praxis.
(Quelle:©TopVectors – Can
Stock Photo Inc.)

- *Welche Fäden schränken ein? Meine Bewegung, meine Selbstbestimmung, die Entwicklung meines Handelns?*
- *Welche Fäden geben mir Sicherheit? Meinem Rollenhandeln? Meinen Beziehungen im Beruf?*
- *Welche Fäden sollten in Zukunft dicker oder dünner werden? Welche sollten sich vielleicht lösen?*
- *Welche sollten ggf. hinzukommen?*

PAUSE (bei Bedarf 15 min)

Vorleserunde

Feedback zu den vorgelesenen Texten als Schreibimpuls 3:
„Theaterkritik" schreiben zu den persönlichen „Stücken" bzw. Texten (in Erweiterung einer Idee zur Textrezension von Unterholzer, 2021, 121)

Nimm nun die Haltung einer Kritikerin ein und schreibe eine wohlwollende Kritik zu den Texten, die Du eben gehört hast. Du bist frei darin zu wählen, auf welche persönliche Rollen-Bilanz Du Dich jetzt beziehst. Wähle einen oder mehrere Texte und Autorinnen. Es geht jetzt nicht um eine streng wertende Besprechung. Wirf vielmehr einen wertschätzenden Blick auf Deine Kolleginnen und ihre Texte. Hebe Gelungenes hervor, fokussiere auf die Entwicklung im Intervisionsprozess. Vielleicht siehst Du auch weiteres Entwicklungspotenzial. Dann weise darauf freundlich hin. Nutze die folgenden Fragen für Deine „Theaterkritik", wenn Du magst:

- *Wie lautet der Tenor der Texte, auf die Du Dich beziehst?*
- *Welche Entwicklungen zeigen die Texte?*
- *Was zeichnet die Autorinnen im Intervisionsprozess aus?*
- *Welche weiteren Entfaltungsmöglichkeiten vermutest Du bei diesen Autorinnen?*
- *Wie lautet Dein abschließendes „Resümee"?*
- *Schreibzeit 10 min*

Vorlese- und Feedbackrunde

Schreibimpuls 3: „Ein Abschluss in 10 Sätzen" (nach Ideen von Haußmann, 2017, 303)   20 min

Zwei Sätze an mich selbst – in Reflexion meiner Erwartungen und Ziele und zur Wertschätzung meiner Erfolge:
Satz 1: _____
Satz 2: _____
Zwei Sätze für die Kolleginnen – zur Wertschätzung ihrer Unterstützung und der Besonderheiten im Kontakt
Satz 3: _____
Satz 4: _____
Zwei Sätze für die Chancen/Möglichkeiten durch die unterschiedlichen schreibpädagogischen Kontexte der Gruppe
Satz 5: _____
Satz 6: _____
Zwei Sätze zur Prozessgestaltung, Organisation und Wertschätzung der Prozessbegleitung
Satz 7: _____
Satz 8: _____
Zwei Sätze zur Eröffnung zukünftiger Begegnungen in der Intervision und Wertschätzung von Kooperationen
Satz 9: _____
Satz 10:

Schreibzeit 15 min
Vorlese- und Feedbackrunde

Vorsätze und Verabredungen:
Auf Karteikarten werden neben der Lesung Stichworte gesammelt, die im Selbststudium zur motivierenden To-Do-Liste werden können und in der Gruppe zu einer Zukunftsvision auf einer Wandzeitung werden. Dafür wird Flipchart-Papier vorbereitet. (Gruppenspeicher für Sitzung 7 ff.)

Methodenillustration: Umfassende Evaluation der Intervisionsgruppe (siehe Anhang IX) 10 min

- Vorstellung des Evaluationsverfahrens nach 6 bis 12 Monaten Intervision
- Evaluationsfokus:
    - Themenfelder für die Reflexion
    - Leistungspotenziale der Intervision
    - Schreibmethodik und -wirksamkeit für die Intervision
    - Zusammenfassende Bewertung der Erfahrung in der Intervisionsgruppe
- Verfahren zur Weitergabe der Evaluationsbögen an die Initiatorin (Wissen über Erfolg teilen)
- Vereinbarung zum Prozedere der Teilhabe an der Auswertung/Einsicht in die Evaluationsergebnisse

Ausblick auf weitere Intervisionssitzungen   10 min

- Absprachen zur Gruppenorganisation
- Nutzung der Gruppenspeicher für Sitzung 7 ff.
- Nutzung der Intervisionsstruktur
- Angebot der Begleitung der Intervisionsgruppe durch die Initiatorin im Bedarfsfall:
  - Sie ist eine Hintergrundsicherung der Gruppe und steht für Fragen zur Verfügung.
  - Sie kann auf Einladung der Gruppe einen Besuch bei einer Intervisionssitzung machen und eine Beobachtungsrolle einnehmen.
  - Sie wird eingeladen, um ein Repertoire an weiteren Intervisionsmethoden vorzustellen, die sich für das schreibpädagogische Erfahrungsfeld eignen und auch gut in Schreibaufgaben adaptierbar sind.

Methodenillustration: Methodenkatalog zur **Intervision (Anhang VIII)   10 min**

- Erläuterung des Methodenkatalogs
- Erläuterung der Übersetzung/Adaption von Intervisionsmethoden in Schreibimpulse
- Einladung, auch eigene beliebte und geeignete Schreibaufgaben in das Methodenrepertoire zu integrieren

Schreibimpuls 4: „Akrostichon Intervision"   5–10 min
Ihr habt jetzt einiges in der Intervision erlebt. Zieht jetzt für Euch die wichtigsten Schlüsse daraus und haltet sie in einem Akrostichon fest. Verwendet dafür die Buchstaben des Wortes „Intervision" als Anfangsbuchstaben einer jeweiligen Zeile. Die Zeile kann nur aus einem Wort bestehen, aber auch aus einem ganzen Satz. Was fällt Dir nun nach der heutigen Sitzung zum Begriff Intervision ein?

I

N

T

E

R

V

I

S

I

O

N

Zum Abschluss werden die Akrosticha aus der 1. Intervisionssitzung u. der heutigen Sitzung auf dem Tisch/Boden nebeneinandergelegt und können zum Abschluss gemeinsam zur Prozessrückschau betrachtet werden. Alternative: Nutzung einer weiteren Wandzeitung (siehe oben).

Literatur

Alers, K. (2020). Warum nicht schreiben? Schreibbasierte reflexive Praxis für Fachkräfte in pädagogischen Berufsfeldern. *Ein Konzept. SchreibRÄUME. Magazin für Journal Writing, Tagebuch & Memoir. Thema – Das Comeback des Tagebuchs.* 1/2020, 104–114.

Bräuer, G. (2021). Schreibend sich als schreibende Person besser verstehen lernen: Anderen Schreibenden besser helfen können. In R. Behrendt & Kreitz, D. (Hrsg.), *Autobiografisches Schreiben in Bildungskontexten. Konzepte und Methoden. Theorie und Praxis der Schreibwissenschaft* Bd. 10 (S. 99–117). Wbv Media.

Haußmann, R. (2017). *Kreatives Schreiben zur Entwicklung von Ressourcen in Beratung und Coaching.* Vandenhoeck & Ruprecht.

Hendriksen, J., & Huizing, J. (2020). *Methoden für die Intervision. Ein Fächer mit 20 effektiven Tools.* Hogrefe.

Hippe, L. (2019). *Und was kommt jetzt? Szenisches Schreiben in der theaterpädagogischen Praxis* (3. Aufl.). Weinheim Deutscher Theaterverlag.

Klein, I. (2019). *Gruppen leiten ohne Angst. Themenzentrierte Interaktion (TZI) zum Leiten von Gruppen und Teams* (17. Aufl.). Auer Verlag.

Kühl, W., & Schäfer, E. (2020). *Intervision. Grundlagen und Perspektiven.* Springer Fachmedien.

Leveton, E. (2004). *Mut zum Psychodrama. Ein praktischer Leitfaden* (6. Aufl.). Isko-press.

Lippmann, E. (2013). *Intervision. Kollegiales Coaching professionell gestalten. 3* (überarbeitete). Springer.

Merlitsch, C. (2016). Psychodramatische Methoden in der Schreibwerkstatt. *Zeitschrift für Psychodrama und Soziometrie, 15,* 163–174.

Schlee, J. (2019). *Kollegiale Beratung und Supervision für pädagogische Berufe. Hilfe zur Selbsthilfe. Ein Arbeitsbuch. 4* (erweiterte Auflage). Verlag W. Kohlhammer.

Schmid, B., Veith, T., & Weidner, I. (2019). *Einführung in die kollegiale Beratung* (3. Aufl.). Carl-Auer-Systeme Verlag.

Schreyögg, A. (2010). *Supervision. Ein integratives Modell. 5* (erweiterte Auflage). VS Verlag.

Tietze, K.-O. (2020). *Kollegiale Beratung. Problemlösungen gemeinsam entwickeln* (10. Aufl.). Rowohlt Taschenbuch.

Unterholzer, C. (2021). *Selbstwirksam schreiben. Wege aus der Rat- und Rastlosigkeit.* Karl-Auer.

Vopel, K. W. (2014). *Schreiben als Therapie. Ein Handbuch mit 230 Schreibübungen.* i-skopress.

Das Intervisionssetting für die schreibpädagogische Praxis: Zusammenfassung, Reflexion und Ausblick

Susanne Femers-Koch

> *„Lasst uns zusammenarbeiten, uns gegenseitig wertschätzen, aufeinander eingehen. Wenn diese Vorstellungen auf Gegenseitigkeit beruhen, so können wir uns wahrhaft begegnen und uns wechselseitig bereichern und befruchten."*
>
> *(Virginia Satir)*

Die Sozialarbeiterin, Pädagogin und Psychotherapeutin Virginia Satir wird oft als Mutter der Familientherapie beschrieben. Am Ende dieser Ausführungen zur Kollegialen Beratung kommt die Autorin zu der Einsicht, dass ihr auch der Titel „Mutter der Intervision" verliehen werden könnte. Denn mit den oben zitierten Sätzen beschreibt Satir im Wesentlichen das, was Intervision leisten kann. Kollegiale Beratung ist nicht neu, vielmehr kann sie als institutionalisierte Praxis der Reflexion in verschiedenen Berufsfeldern in der Pädagogik, der Sozialpädagogik und auch der psychologischen Beratung und Therapie gelten. Intervision folgt der Einsicht, dass Professionalität Reflexion braucht und durch sie die Qualität des beruflichen Handelns unterstützt und optimiert werden kann.

Die vorliegende Publikation ging von der Annahme aus, dass Reflexion auch für die schreibpädagogische Praxis hilfreich sein könnte, um professionell, autonom und souverän zu handeln. In diesem Berufskontext, in dem Schreibpädagoginnen, -beraterinnen und -coaches als Begleiterinnen für die Erstellung von Texten aller Art in einem noch relativ neuen und wachsenden Berufsfeld tätig sind, fehlen bislang noch institutionalisierte Intervisionsverfahren. Praxisreflexion bedeutet hier noch eher informelle, auf den Zufall und die passende Gelegenheit setzende Reflexion engagierter Berufstätiger, die hier und da mit Kolleginnen über ihre Arbeit sprechen oder sich zum Austausch in einer Runde treffen. Je mehr sich

S. Femers-Koch, *Intervision für die schreibpädagogische Praxis*, https://doi.org/10.1007/978-3-658-38865-2_7

das wachsende Berufsfeld etabliert, je mehr auch schreibpädagogische Angebote konkurrieren, desto wichtiger und in Konkurrenzsituationen entscheidender wird die Professionalität des beruflichen Handelns werden. Anders gewendet könnte auch gesagt werden: Die Zeit ist reif für die Intervision in der schreibpädagogischen Praxis. Diese Aussage wird hier unter Vorbehalt gemacht, da es keine Berufsfeldstudien gibt, die diese Behauptung empirisch untermauen könnten.[1]

Intervision ist mehr als nur wertschätzender kollegialer Austausch. Intervision wurde hier in Abgrenzung zu verwandten Konzepten wie Coaching oder Beratung als eine Form selbstorganisierten Lernens in einem Setting Kollegialer Beratung bestimmt, die zum Zweck der Professionalisierung das berufliche Handeln in Selbst- und Fremdreflexion in den Blick nimmt. Anders als die Supervision kommt Intervision ohne Leitung aus, ist in Struktur, Prozessen und Methoden allerdings eng damit verwandt. Mit der Recherche in der einschlägigen Fachliteratur konnten relativ viele und recht ähnliche Verfahren und Methoden der Intervision identifiziert werden und, darauf aufbauend, ein integriertes Prozessmodell für die Intervision mit Blick auf die schreibpädagogische Praxis entwickelt werden. Eine Analyse des Forschungsstands zur Intervision kam zu dem Ergebnis, dass für die Kollegiale Beratung keine empirisch belastbaren Erkenntnisse vorliegen, die es möglich machen, aus der Fülle des Methodenrepertoires der Intervision genau die erfolgversprechenden Methoden herauszufiltern, die für die Intervision in der schreibpädagogischen Praxis besonders vielversprechend sein könnten. Hier musste sich die Autorin vielmehr auf Plausibilitätsüberlegungen stützen.

Die vorliegende Untersuchung hatte neben der theoretischen Betrachtung von Intervision auch noch ein Gestaltungsziel, die Entwicklung eines Schreibgruppenkonzepts zur Intervision. Schreiben ist das zentrale Medium der Schreibpädagogik und als Reflexionsmedium ausgesprochen geeignet. Daher lag die Überlegung nahe, in einem Intervisionskonzept für die schreibpädagogische Praxis dem Schreiben einen zentralen Stellenwert im Intervisionssetting zu geben. Dieses wurde bestimmt als die Bereitstellung eines Ortes und eines Instrumentariums zur Korrektur, zur Entwicklung und immer neuen Gestaltung des beruflichen Handelns. Es sollte ein Angebot sein, um Antworten in einem Gruppenkontext zu

---

[1] Die Aussage wird allerdings gestützt durch verschiedene Arbeiten, die sich schon mit dem Sinn von Schreiben für Reflexion und Entlastung im Berufsfeld beschäftigt haben. Beispiele dafür sind z. B. der Einsatz von Schreiben bei Belastungen im Beruf bei Jagusch (2013, 18 ff.) oder Haußmann (2013, 36 ff.) sowie die Nutzung von Schreiben als methodischem Ansatz in Beratung und Coaching bei Rechenberg-Winter (2013, 154 ff.) oder Moser (2013, 265 ff.).

suchen auf Fragen, die sich in der Berufsausübung ergeben. Durch die Bearbeitung der korrespondierenden Themen soll sich in diesem Intervisionssetting für die Berufstätigen eine zufriedenstellende, professionelle und souveräne Ausübung ihres Berufes herausbilden. Damit lautete das Credo bei der Gestaltungsaufgabe in dieser Publikation, dass Reflexion in der Berufspraxis hilft und Schreiben die Reflexion unterstützen kann.

In einem Benchmarking konnten, aufbauend auf den theoretischen Erkenntnissen, Interventionsmethoden in Methoden des Biografischen und Kreativen Schreibens übersetzt und durch diese ergänzt werden. Außerdem wurde eine kreative Leitidee entwickelt, die auf szenisches Schreiben über symbolische Hilfsmittel in Form von Marionetten setzt und dabei auch Methoden des Psychodramas nutzt. Das entwickelte Gestaltungskonzept inklusive Evaluationsideen besteht im Ergebnis aus sechs einführenden Intervisionssitzungen, die durch die Initiatorin dieses Verfahrens – bzw. die Autorin – implementiert und begleitet werden könnte, bis eine Schreibgruppe von schreibpädagogisch arbeitenden Teilnehmenden die intervisorische Praxis komplett eigenständig gestaltet.

Mit diesem Implementierungsgedanken ist ein Widerspruch dieser Untersuchung angesprochen: Intervision ist ein Prozess ohne fachliche Leitung in Abgrenzung zur Supervision, aber hier wird sie *mit* Begleitung initiiert. Wie ist dieser Widerspruch zu erklären? Es gibt Schreibpädagoginnen, die aus (sozial-)pädagogischen und psychosozialen Berufskontexten kommen. Vielen dieser Berufstätigen dürfte Intervision vertraut sein. Allerdings kann dies für Schreibpädagoginnen aus anderen beruflichen Vor- bzw. Ausbildungskontexten nicht vorausgesetzt werden. Ein Engagement für qualifizierte Intervisionsarbeit kann hier wohl kaum erwartet werden. Für genau diesen Personenkreis dürfte das vorliegende Konzept anleitenden und heuristischen Wert haben. Es kann außerdem nicht erwartet werden, dass der Implementierungsprozess sich von selbst ohne Anschub oder Initialisierung entwickelt. Er muss vielmehr angestoßen werden und in der Erprobung muss sich das hier erarbeitete Verfahren bewähren. Nur dann kann es einen lebendigen Entwicklungsprozess geben. Wichtig ist außerdem, dass diese Initiierung und Begleitung der Anfänge einer Intervisionsgruppe, die die Autorin in Zukunft leisten möchte, nicht gleichzusetzen sind mit der Tätigkeit einer Supervisorin. Diese hat in der Regel eine spezifische fachliche Ausbildung, die es zu respektieren und nicht mit der hier beschriebenen Begleitung zu verwechseln gilt.

Im Folgenden werden als Ausblick nun mögliche *Nutzungsszenarien des erarbeiteten Intervisionsansatzes als Schreibgruppenkonzept* kurz skizziert, um die Potenziale des Ansatzes abschließend zu verdeutlichen:

Nutzen in der schreibpädagogischen Praxis

- Initiierung von Intervisionsgruppen in der schreibpädagogischen Praxis in Ballungsräumen mit Potenzial für kontinuierliche Intervisionsarbeit (z. B. Berlin, Hamburg, München) für Gruppentreffen alle 4–6 Wochen über einen längeren Zeitraum.
- Initiierung von 2- bis 3-tägigen Intervisionsworkshops für die schreibpädagogische Praxis, z. B. im Rahmenprogramm von Fachtagungen oder als singuläre unabhängige Tagungsinitiative.

Nutzen für schreibpädagogische Studiengänge bzw. Studiengänge zum Biografischen und Kreativen Schreiben

- Vorstellung des Intervisionskonzepts auf Alumni-Treffen, also für diejenigen, die schon als Anfängerinnen in der Berufspraxis erste schreibpädagogische Erfahrungen gemacht haben: Präsentation zum Konzept und Angebot eines praktischen Einführungsworkshops („Schnupperangebot").
- Angebot des Intervisionskonzepts als Zusatzseminar für die o.g. Studiengänge oder als „Follow up" zu weiterbildenden Studiengängen.
- Integration des Themas Intervision in den Curricula der schreibpädagogischen Studiengänge bzw. der Studiengänge zum Biografischen und Kreativen Schreiben. (Siehe hierzu auch die Studiengänge, die in Kap. 2.3 weiter oben betrachtet wurden.)
- Einbau des Themas und des konzeptionellen Ansatzes der Intervision als Weiterentwicklung in insbesondere solchen Modulen der Curricula, die sich explizit den Themen oder Studienbereichen „Schreibpädagogik", „Schreibgruppendynamik", „Schreibkrisen", „Kreatives Schreiben in Psychotherapie, Beratung und Sozial(pädagogischer)er Arbeit", „Schreibberatung im akademischen Kontext" oder den „Praxis- und Arbeitsfeldern" allgemein widmen.

Nutzen für die berufsständische Fachdiskussion der schreibpädagogischen Praxis

- Angebot des Themas und Konzeptes für berufsständische Organisationen und Interessenvertretungen wie dem Segeberger Kreis e. V., der gefsus e. V., bei BÖS oder dem punktgenau-Netzwerk (siehe Abschn. 2.3 zu den Institutionen im Einzelnen).
- Angebotsplatzierungen in Newslettern und Netzwerkmedien zum Anteasern und ggf. als Impulsvortrag bei Veranstaltungen und/oder als Kennenlernworkshop „Intervision für die Schreibpädagogik".

- Adaption des Angebotes „Intervision" für die Schreibberaterinnenausbildung (Tutorenausbildung) der Akademie für wissenschaftliche Weiterbildung (Freiburg) über die gefsus e. V.

Nutzen für die Forschung zum Biografischen und Kreativen Schreiben

- Erstellung von Fachpublikationen zum Thema „Intervision für die schreibpädagogische Praxis" als Fachbuch oder als Beitrag in Fachzeitschriften.
- Evaluationsforschung zur Intervision bei erfolgreicher Akzeptanz des Verfahrens im Berufsfeld (z. B. Evaluationsstudie nach 2 Jahren Praxiserfahrung über die Evaluationsmethode, die jeder initiierten Intervisionsgruppe an die Hand gegeben wird [siehe Anhang IX]). Diese oder ähnliche Forschung könnte auch zur weiteren Profilierung der genannten Studiengänge beitragen.
- Inhaltsanalytische Untersuchungen der in den Schreibwerkstätten zur Kollegialen Beratung entstandenen Texte zu den Intervisionsthemenfeldern „Berufsrollenerleben und -gestaltung", „Beziehungsdynamik und -gestaltung" sowie „Belastungserleben und Selbstfürsorge" als Beiträge zur Berufsfeldforschung (als Forschungsengagements der o.g. Studiengänge, z. B. in Examensarbeiten, oder des wissenschaftlichen Engagements ihrer Absolventinnen).
- Weiterentwicklung des Intervisionsansatzes zu einem Supervisionsprogramm mit entsprechenden Weiterbildungsangeboten zur „Supervisorin in der Schreibpädagogik" als Profilierung im Sinne von „Leuchttürmen" für die Schreibpädagogik der Zukunft.

Vor dem Hintergrund der Tatsache, dass Intervision noch sehr jung ist in der Schreibpädagogik, können diese Skizzen durchaus als kühn bezeichnet werden. Aber ein Ausblick sollte über den Tellerrand des Bekannten und Etablierten hinausweisen. Schließlich bringen Innovationen die schreibpädagogische Arbeit voran und machen einer wünschbaren professionalisierten Zukunft des Biografischen und Kreativen Schreibens schon einmal auf dem Papier etwas Platz. Dennoch sollte der Realitätskontakt dabei gewahrt bleiben und der Blick für Stolpersteine auf dem Weg offen sein.

Eine Implementierung von Intervision wird im Berufsfeld Zeit und den Mut zur Weiterentwicklung und Veränderung brauchen. Intervision stellt immer auch Handeln von Profis infrage. Das muss zwangsläufig Verunsicherung zur Folge haben und in der Frage münden „Brauchen wir das überhaupt?". Einladungen zur Reflexion über das eigene Handeln werden häufig mit Widerständen und Blockaden quittiert. Darauf gilt es sich vorzubereiten. Es könnte sich also bei der praktischen Umsetzung des erarbeiteten Intervisionsansatzes als problematisch erweisen, dass Intervision im Berufsfeld doch noch sehr fremd ist. Eine Fachdiskussion über Intervision kann zu diesen Überlegungen vielleicht mehr Klarheit bringen.

Letztendlich wird erst die Praxiserprobung des Intervisionsansatzes zeigen, ob das Konzept tauglich ist. Wie der entwickelte Evaluationsbogen exemplarisch zeigt, kann die Tauglichkeit des vorgestellten Ansatzes in mehrfacher Hinsicht exploriert werden. Dieses Engagement weist über die vorliegende Untersuchung hinaus. Von besonderem Interesse in der Tauglichkeitsprüfung wäre die Klärung von Methodenfragen: Wie gut und sinnvoll sind Interventionsmethoden in Schreibaufgaben übersetzt worden? In diesem Kontext wäre auch zu fragen, ob auch noch andere Intervisionsmethoden als die genutzten sich als geeignet erweisen könnten. Damit wäre ein mögliches Erweiterungsziel bestimmt. Im besten Fall werden Schreibpädagoginnen die Expertinnen für diese Fragen sein. Ihre Erprobungserfahrungen mit der Intervision als Schreibwerkstatt werden zeigen, wie sich Intervision für die schreibpädagogische Praxis entwickeln könnte. Hierzu einen Beitrag zu leisten war das Anliegen der vorliegenden Ausführungen.

Um abschließend noch einmal die Theatermetapher des vorgestellten Gestaltungsansatzes zu bemühen, sei gesagt: Mit der Theaterbühne für Marionetten in der Intervision soll ein Ziel verfolgt werden, das einem geflügelten Wort William Shakespeares entspricht:

„Und wenn Du den Eindruck hast, dass das Leben ein Theater ist, dann suche Dir eine Rolle aus, die Dir so richtig Spaß macht."

Literatur

Haußmann, R. (2013). „Wenn ich schreibe… " Kreatives Schreiben zur Bewältigung von Belastungen im Arbeitsprozess. In S. Heimes, P. Rechenberg-Winter, & R. Haußmann (Hrsg.), *Praxisfelder des kreativen und therapeutischen Schreibens* (S. 36–56). Vandenhoeck & Ruprecht.

Jagusch, B. (2013). Schreiben als Copingstrategie bei psychischen Belastungen im Beruf und Arbeitsleben. Ein Konzept für die gewerkschaftliche Bildungsarbeit. In S. Heimes, P. Rechenberg-Winter, & R. Haußmann (Hrsg.), *Praxisfelder des kreativen und therapeutischen Schreibens* (S. 18–35). Vandenhoeck & Ruprecht.

Moser, S. (2013). Bedeutung und Anwendungsgebiete des Schreibens im Selbstcoachingprozess. In S. Heimes, P. Rechenberg-Winter, & R. Haußmann (Hrsg.), *Praxisfelder des kreativen und therapeutischen Schreibens,* (S. 265–278). Vandenhoeck & Ruprecht.

Rechenberg-Winter, P. (2013). Kreatives Schreiben – ein methodischer Ansatz in der systemischen Beratung, der Psychotherapie und im Coaching. Eine Prozessdokumentation. In S. Heimes, P. Rechenberg-Winter, & R. Haußmann (Hrsg.). *Praxisfelder des kreativen und therapeutischen Schreibens,* (S. 154–171). Göttingen: Vandenhoeck & Ruprecht.

Anhang

I. Intervisionskompass für die Kollegiale Beratung

Das Prozessmodell für die Intervision erklärt, in welchen Schritten eine Intervisionssitzung abläuft und welche Anforderungen in diesem Prozess der Kollegialen Beratung erfüllt werden sollen. Die vier Rollen der Intervision haben je nach Phase unterschiedliche Aufgaben und Funktionen. Das Modell gibt für alle Orientierung im Prozessgeschehen. Wenn die Mitglieder einer Intervisionsgruppe sich mit dem Prozess vertraut gemacht haben, kann der Ablauf in einer ersten Sitzung erprobt werden.

Prozessmodell für die Intervision

(in Anlehnung an Lippmann, 2013, 65 ff., Schmid et al., 2019, 38 ff., Schlee, 2019, 124 ff., Kühl & Schäfer, 2020, 49 ff.; Tietze, 2020, 60 ff.; Hendriksen & Huizing, 2020, 9 f.)

© Der/die Herausgeber bzw. der/die Autor(en), exklusiv lizenziert an Springer   127
Fachmedien Wiesbaden GmbH, ein Teil von Springer Nature 2022
S. Femers-Koch, *Intervision für die schreibpädagogische Praxis*,
https://doi.org/10.1007/978-3-658-38865-2

Intervisionsschritte (Phasen pro Sitzung)	Phasenspezifisches Anforderungsprofil für die Gruppe
1. Einführung: Einführung und Erhebung der aktuellen Anliegen in der Gruppe	Vergegenwärtigung des Intervisionssettings (Ankommen in der Gruppe), individuelle Vorbereitung einer Fragestellung, eines Anliegens, eines Themas, Skizzierung eines Bildes der Situation, die Thema werden könnte (alle)
2. Rollenübernahme: Rollenvereinbarungen und Übernahme der vier Grundrollen (ggf. Dopplungen bei n > 4) für die aktuelle Sitzung	Einbringen der evozierten Anliegen, Priorisierung der Anliegen bzw. Festlegung der Person, die Fallgeberin (FG) ist, ggf. Bündelung ähnlicher Anliegen, Festlegung der Moderatorinnenrolle (MO), Beraterinnen- und Beobachterinnenrollen (BER bzw. BEO), Erläuterung und Übergabe der Rollenverantwortung (MO), ggf. Rückfragen klären (MO)
3. Problemdarstellung: Differenzierte Darstellung des ausgewählten Anliegens durch Fallgeberin und Nachfragen der Beraterinnen	MO moderiert: differenzierte Problemschilderung bzw. Festlegung der spezifischen zu bearbeitenden Fragestellung (FG); ggf. Visualisierung des Anliegens (FG), Erarbeitung des Fokus durch FG mit Unterstützung durch Fragen der BER, ggf. wichtige Antworten zur Situationsbeschreibung visualisieren, BEO beobachten

Intervisionsschritte (Phasen pro Sitzung)	Phasenspezifisches Anforderungsprofil für die Gruppe
4. Problemanalyse: Situationsanalyse, Fragen und Hypothesen zum Problem durch die Beraterinnen	MO moderiert: Kontakt zur Problemsituation aufnehmen (BER), diese dann betrachten, vertiefen und erweitern, den „inneren Film" der FG erspüren, Assoziationen äußern (BER), Fragen zur Analyse der Situation an FG stellen (BER) (vor allem aus der systemisch-lösungsorientierten Beratung), Hypothesen zur Diagnose des Problems aufstellen (BER), Verzicht auf Wertung durch BER, BEO beobachten
5. Problempräzisierung: Verdichtende Fragen, Reaktion auf Fragen und Prüfung bzw. Priorisierung der Hypothesen durch Fallgeberin	MO moderiert: BER verdichten ihre Sicht auf das Anliegen durch Fragen, FG gibt Rückmeldungen zu den Fragen und Hypothesen, stellt relevante Fragen und priorisierte Hypothesen in den Fokus, BER geben Feedback und stellen ggf. weitere Fragen zur Präzisierung, Ziel ist die „Zoom"-Sicht auf das Problem vor der Lösung, BEO beobachten

Intervisionsschritte (Phasen pro Sitzung)	Phasenspezifisches Anforderungsprofil für die Gruppe
6. Problemlösung: Erarbeitung von Lösungen (Beraterinnen) und Bewertung der Lösungsideen durch die Fallgeberin, ggf. Entscheidung	MO moderiert: Lösung und Handlungsalternativen erarbeiten (BER), Assoziationen anregen, Kreativität und ggf. Rollenspiel nutzen (BER), FG kommentiert Lösungsvorschläge, klärt das Verständnis ggf. im Dialog mit BER, bewertet die Lösungen, priorisiert und entscheidet sich für eine Problemlösung, ggf. gemeinsame Diskussion über Stolpersteine bei der Problemlösung, BEO beobachten
7. Prozessreflexion: Reflexion der Intervisionssitzung durch Beobachtungsergebnisse, gegenseitiges Feedback sowie Ergebnissicherung	MO moderiert: BEO geben ihre Beobachtungen als Feedback an die Gruppe, auch BER, MO und FG geben ihr Feedback zum Prozess, Ergebnissicherung durch Ressourcenorientierung der FG, Vorbereiten der nächsten Schritte zur Problemlösung der FG, ggf. Sicherung von Auswertungsergebnissen des Prozesses und Festlegung der Bearbeitung von in der Sitzung vernachlässigter Anliegen aus Phase 1 (alle), Verabschiedung durch MO

II. Regeln für das kommunikative Miteinander in der Schreibwerkstatt

Feedbackregeln in der Intervision und Kommunikationsregeln in Schreibwerkstätten für das Miteinander überschneiden sich in einigen Aspekten. Die Teilnehmenden stammen alle aus professionellen Kontexten, in denen viele dieser Regeln bekannt und gebräuchlich sind. Dennoch sollte zu Beginn der Zusammenarbeit an die Regeln erinnert und ein Konsens über die Regeln in der Gruppe hergestellt werden.

II. I Allgemeine Kommunikationsregeln für die Schreibwerkstatt

- Geschützter Raum: Die Schreibwerkstatt ist für alle ein geschützter Raum. Alles, was hier gesprochen oder geschrieben wird, bleibt im Raum – es sei denn, es werden Ausnahmen vereinbart.
- Offenheit und Sicherheit: Wir geben bei der Teilnahme Einblick in unsere persönlichen Gedanken und Gefühle und gehen mit dem, was wir hier erfahren, sorgsam um.
- Aufmerksamkeit: Alle versuchen, aufmerksam zu bleiben, um keine Teilnehmenden durch Nebentätigkeiten oder Multitasking zu irritieren.
- Störungen: Allen ist bewusst, dass Störungen Vorrang haben und Anlass für Metakommunikation sind[1].
- Anwesenheit: Wer vor dem geplanten Ende der Werkstatt gehen muss, meldet sich frühzeitig ab, um die Arbeit miteinander nicht zu stören.
- Pausen: Pausen werden miteinander vereinbart. Wird zwischendrin eine Pause gebraucht, wird der Bedarf angemeldet.

II. II Feedbackregeln für die Intervision
(Lippmann, 2013, 59)

Regeln für das konstruktive Feedbackgeben

- Beschreibend: Eigene Wahrnehmungen und Reaktion sind Gegenstand des Feedbacks. Bewertungen und Interpretationen sollen vermieden werden.

---

[1] Zum Störungspostulat in der Themenzentrierten Interaktion siehe Klein (2019, 61).

- Konkret: Ereignisse und Verhaltensweisen, die feststellbar und beobachtbar sind, sind Gegenstand des Feedbacks. Zu vermeiden sind Verallgemeinerungen. (Daher Vorsicht bei Wörtern wie „immer", „nie" oder ähnlichen.)
- Angemessen und brauchbar: Nur Verhaltensweisen, die die Empfängerinnen ändern können, sollten Gegenstand des Feedbacks sein.
- Erbeten und zur rechten Zeit: Normalerweise ist Feedback dann besonders wirksam, wenn es sich auf aktuelle Beobachtungen bezieht und erfolgt, wenn Empfängerinnen zur Aufnahme bereit sind.

Regeln für das konstruktive Feedbacknehmen:

- Zuhören und Überprüfen des Gehörten: Häufig macht Feedback betroffen. Daher sollten Feedbacknehmerinnen aufmerksam zuhören und sich auf Verständnisfragen konzentrieren.
- Keine Verteidigung: Wenn es gewünscht ist, kann aus Feedback als einem Angebot gelernt werden. Wenn es beschreibend (und nicht bewertend) ist, empfiehlt es sich, hinzuhören und sich nicht zu verteidigen.
- Dankbarkeit: Feedback kann einen Beitrag zu eigenen Lernprozessen darstellen, daher ist es einen Dank wert. Denn offenes, anerkennendes, konstruktiv-kritisches Feedback ist nicht selbstverständlich.
- Feedback: Manchmal kann es sinnvoll bzw. wertvoll sein, den Feedbackgeberinnen zu einem späteren Zeitpunkt zurückzumelden, was ein Feedback vielleicht bewirkt hat.

II. III Regeln für das Schreiben und das Teilen von Inhalten
(Girgensohn & Jakob, 2010, 15, Klein, 2019, 153 f.)

Es ist üblich, in Schreibwerkstätten die Texte, die geschrieben worden sind, mit anderen zu teilen, sie vorzulesen oder zum Lesen zur Verfügung zu stellen. Die Texte sind persönlich und handeln oft von sensiblen Inhalten.

Es ist auch üblich, dass zu den Texten in der Gruppe etwas gesagt wird. Im Umgang damit haben sich folgende Regeln gut bewährt:

- Es gibt kein „Falsch" und kein „Richtig" im Bearbeiten der Schreibaufgaben.
- Wer vorlesen möchte, darf vorlesen.
- Als Rückmeldungen willkommen sind eigene Gefühle, Empfindungen und innere Bilder beim Hören der Texte anderer.
- Sei möglichst konkret und beziehe Dich auf den Text, der gerade dran ist.

- Sei offen und ehrlich, überlege aber auch, wem du wann was und wie viel zu einem Text sagen willst (authentisch und selektiv).
- Texte dürfen auch unkommentiert bleiben.
- Wir lassen die Botschaft der anderen auf uns wirken, argumentieren und verteidigen unsere Texte nicht. Texte müssen nicht erklärt werden.

III. Vorbereitungsblatt für die Darstellung von Anliegen für die Intervision

Gerade wenn eine Gruppe sich noch nicht gut kennt oder Intervision bzw. die Reflexion über das eigene berufliche Handeln noch ungewohnt ist, kann es zur Vorbereitung oder zum Einstieg einer Sitzung hilfreich sein, alle Mitglieder der Intervisionsgruppe ein Vorbereitungsblatt für die Intervision ausfüllen zu lassen, wie es Lippmann (2013, 82) vorschlägt. Folgende Fragen bzw. Satzergänzungen sind hilfreich:

„Headline": Mein Anliegen an die Gruppe lässt sich mit folgendem Titel umschreiben:

Erste Problembenennung: Um was geht es ganz allgemein?

Worum geht es genauer? Zum Beispiel:

Wer ist beteiligt? Wer macht was?

In welchen Situationen zeigen sich bestimmte Verhaltensweisen ganz besonders?

Welche Faktoren bei den Personen bzw. im Kontext spielen eine Rolle?

Welche Hypothese habe ich?

Wie hat sich das Problem bis jetzt ausgewirkt?

Was geschieht, wenn das Problem nicht gelöst werden kann?

Was wurde bis jetzt unternommen, um das Problem zu lösen?

Wie waren die Auswirkungen?

Was hat zum Erfolg/Misserfolg beigetragen?

Welche Anteile von mir erkenne ich jetzt schon, die das Problemverhalten verstärken bzw. abschwächen können?

Wie bin ich bisher mit ähnlichen Problemen/Situationen umgegangen?

Wann eher erfolgreich, wann eher nicht?

Was würde ich gerne anders machen?

Meine Frage(n) an die Intervisionsgruppe (z. B. bezüglich Hypothesen, eigener Anteile am Problem, bezüglich alternativer Verhaltensweisen, bezüglich Kontext und dessen Beeinflussung):

IV. Kriterienkatalog zur Gewichtung möglicher Fallbeispiele bzw. Anliegen

Nicht immer ist es einfach für eine Intervisionsgruppe zu entscheiden, welches Anliegen in einer Sitzung bearbeitet werden sollte. Sind gleich mehrere mögliche Fälle interessant oder dringlich, kann der folgende Kriterienkatalog nach Lippmann (2013, 88) für die Moderatorin und die Intervisionsgruppe eventuell Klarheit schaffen oder die Gruppenentscheidung unterstützen. Die Anliegen, bei denen mehrere der genannten Kriterien zutreffen, sollten mit Priorität bearbeitet werden.

Kriterienkatalog zur Gewichtung von Anliegen in der Intervision (Lippmann, 2013, 88)

Dringlichkeit	Das Problem ist dringlich und eine Lösung steht an.
Bedeutsamkeit	Das Thema ist bedeutsam und wichtig, sodass die Bearbeitung hier lohnt.
Komplexität	Das Thema ist komplex bzw. so gelagert, dass eine Bearbeitung durch Außenstehende für die Fallgeberin eine große Hilfe ist.
Rolle der Fallgeberin	Die Fallgeberin hat selber große Chancen, aktiv im Ganzen etwas zur Lösung beizutragen.
Konkretheit	Das Anliegen ist nicht zu abstrakt und lässt sich sehr gut exemplarisch bearbeiten.
Erfolgsaussicht	Wenn dieses Problem gewählt wird, ist die Wahrscheinlichkeit groß, dass die Gruppe einen Beitrag zur Lösung leisten kann.
Auswirkung	Die Lösung des Problems hat sehr wahrscheinlich positive Auswirkungen auch auf andere Arbeits- und Problembereiche der Fallgeberin.
Repräsentanz	Wenn dieses Anliegen bearbeitet wird, so können andere Gruppenmitglieder in Analogie dazu auch etwas für andere Fragestellungen ableiten, an Erkenntnissen gewinnen.
Aufwand und Ertrag	Das voraussichtliche Aufwand-Ertrag-Verhältnis verspricht eine positive Bilanz.
Attraktivität/Engagement	Das Anliegen interessiert mich und ich bin bereit, mich für die Lösung des Problems einzusetzen.

V. Karteikarten mit Rollenaufgaben und -skizzen

(nach Lippmann, 2013, 54 f.; Schmid et al., 2019, 14 f., 34 f.; Kühl & Schäfer, 2020, 45 f., und Tietze, 2020, 52 ff.)

In der Kollegialen Beratung nehmen die Teilnehmenden für den Problemlösungsprozess verschiedene Rollen ein, die von Fall- zu Fallbesprechung wechseln. Jede kann eine der vier Rollentypen für die Intervision übernehmen: Fallgeberin, Moderatorin, Beraterin und Beobachterin. Die letzten beiden Rollen werden je nach Teamgröße mehrfach besetzt. Mit jeder Rolle verbinden sich bestimmte Aufgaben für die Kollegiale Beratung. Auf den folgenden Rollenkarten wird jede Rolle skizziert. Die Rollenkarten können helfen, sich in die jeweiligen Aufgaben einzuarbeiten und Orientierung im manchmal recht komplexen Intervisionsgeschehen zu geben.

Rollenkarte Fallgeberin

Du bist in der heutigen Intervision *Fallgeberin* und hast die Gelegenheit, ein für Dich persönlich wichtiges Thema, Anliegen oder Problem aus Deinem Berufsalltag einzubringen. Deine Intervisionsgruppe wird Dir durch Fragen und Schreibimpulse die Gelegenheit geben, Dein Anliegen genauer darzustellen, zu analysieren und zu reflektieren.

• Für eine detaillierte Darstellung Deines Problems kannst Du das Vorbereitungsblatt für die Darstellung von Anliegen für die Intervision nutzen.

Versuche, so offen, wie es Dir möglich ist, über Dein Anliegen zu sprechen und zu schreiben. Alles, was Du sagst, bleibt hier im Raum. Versuche außerdem, so offen wie möglich für eine mögliche Lösung Deines Problems zu sein. Alles ist hier in der Schreibwerkstatt möglich. Lass Dich im Schreiben einfach auf das Spiel mit den Möglichkeiten und das Probehandeln ein.
Dein Anliegen hat hier Raum, genau wie Deine Gefühle und alle Gedanken, die sich damit verbinden. Die Beraterinnen werden ihre Fragen, Eindrücke und Hypothesen als Angebot an Dich formulieren. Du bist frei, diese Angebote anzunehmen oder auch abzulehnen. Die Moderatorin wird Dich durch den Prozess leiten.

• Wenn Du das Bedürfnis hast, Dir Orientierung zu geben über das, was auf Dich zu kommt, dann schau noch einmal das Prozessmodell der Intervision an.

Rollenkarte Moderatorin

Du hast in der heutigen Intervisionssitzung die Rolle der Moderatorin, das ist eine besondere Rolle, denn Du hast die Fäden in der Hand. Für Deine

Aufgabe ist entscheidend, den Prozess in der Gruppe zu initiieren und voranzutreiben, denn Du bist zuständig für den geordneten Ablauf und die Einhaltung der Regeln. Daher sind folgende Dokumente für Dich hilfreich:

- Um den Ablauf zu steuern, nutzt Du am besten das Prozessmodell der Intervision. Darin sind alle wichtigen Schritte beschrieben. Weil eine klare Strukturierung für den Erfolg der Intervision wichtig ist, führe die Gruppe in die einzelnen Schritte ein und gestalte die Übergänge klar. Achte auch auf die Einhaltung der Zeit!
- Um sicherzustellen, dass alle in der Gruppe sich wohlfühlen, ist es hilfreich, sich immer wieder an den Regeln für das kommunikative Miteinander zu orientieren. Mache die Gruppenmitglieder auf diese Regeln aufmerksam, wenn Du das Gefühl hast, dass die Kommunikation nicht rund läuft.
- Achte auch darauf, dass alle ihre Rolle einhalten und korrekt ausführen, und darauf, dass der Fokus beim Thema bleibt. Für Deine Orientierung können die Karteikarten mit Rollenaufgaben und -skizzen hilfreich sein.

Falls Du Hilfe brauchst, so wende Dich an die Beobachterinnen. Sie haben während der laufenden Intervisionssitzung die Aufgabe, alles, was passiert, in den Blick zu nehmen, und können Dir Unterstützung geben, weil sie über den laufenden Prozess gut Bescheid wissen.

Rollenkarte Beraterin
Du bist in der heutigen Intervisionssitzung Kollegiale Beraterin. Deine Aufgabe ist es, das Anliegen der Fallgeberin aus der sozialen Distanz zu betrachten. Wir alle sehen die Welt mit unseren subjektiven Augen. Wenn wir ein Problem in unserem Berufsalltag haben, kann es sehr hilfreich sein, dieses Problem einmal mit anderen Augen zu betrachten. Das heißt: Deine Augen, Deine Wahrnehmung, Deine Perspektive sind heute besonders gefragt.

- In der Intervision gibt es für alle Prozess-Schritte bestimmte Aufgaben. Für Deine Orientierung zum Prozess ist das Prozessmodell für die

Intervision wichtig. Vertraue der <u>Moderatorin,</u> sie führt Dich durch den Prozess.

- Die Intervision arbeitet mit einem großen Spektrum von Methoden. Für jeden Prozess-Schritt sieht die Regie der Schreibwerkstatt eine oder mehrere dieser Methoden vor, die hier in Form von Fragen und Hypothesen und auch als Schreibimpulse umgesetzt sind. Es ist Deine Aufgabe, aus den angegebenen 2–4 Alternativen zu wählen. Orientiere Dich dafür an den <u>Regieanweisungen in der Schreibwerkstatt.</u>

Von Dir wird erwartet, der Fallgeberin respektvoll und mit Interesse zu begegnen. Prüfe, ob Dir das wirklich möglich ist. Denn auf Deine authentische Haltung kommt es an.

Versuche Deine Eindrücke und Wahrnehmungen offen, ehrlich und ressourcenorientiert wiederzugeben. Denke daran, dass die Lösung in der Person der Fallgeberin liegt, nicht in Dir. Während der Falldarstellung höre einfach nur zu und unterbrich bitte nicht. Danach kannst Du Fragen stellen, Zusammenhänge klären oder Deine Hypothesen über das eingebrachte Problem als Angebot formulieren.

- Wenn Du Dir unsicher bist über die Art, wie Du mit der Fallgeberin kommunizieren sollst, orientiere Dich an den <u>Regeln für das kommunikative Miteinander.</u>

Auch wenn es vielleicht manchmal schwerfällt, bedenke: Die Bewertung und Auswahl der von Dir/Euch erarbeiteten Lösungsoptionen für das in Frage stehende Problem ist allein Sache der Fallgeberin.

Rollenkarte Beobachterin

Du gehörst heute zum sog. *„Reflecting Team"*, denn Du hast eine Beobachterinnen-Rolle. Diese Rolle ist gerade am Anfang einer Intervisionszusammenarbeit besonders wichtig, wenn alle noch nicht gut mit den Abläufen und Methoden vertraut sind. Da Du während der Intervisionssitzung beobachtest und nicht intervenierst, hast Du einen guten Überblick über das, was geschieht.

- Um die Abläufe zu überblicken, orientiere Dich an dem Prozessmodell für die Intervision.
- Und um die Kommunikation konstruktiv kritisch zu betrachten, folge den Regeln für das kommunikative Miteinander.

Zur Beobachtung gehört, auf eventuelle Regel-, Rollen- oder Methodenverstöße hinzuweisen. Also notiere alles, was Du für nicht „intervisionskonform" oder -passend hältst, und spiegle es der Gruppe am Ende der Sitzung zurück. Behalte besonders die Moderatorin im Auge. Es könnte sein, dass sie Deine Unterstützung braucht, weil ihre Rolle sehr anspruchsvoll ist.

- Deine wichtigste Aufgabe ist die Beobachtung des Prozesses und der Rollenfunktionen. Notiere hierzu wichtige Wahrnehmungen für das Feedback. Für diese Aufgabe steht Dir der Beobachtungsbogen für die Rückmeldung der Beobachterinnen zur Verfügung.

VI. Beobachtungsbogen für die Rückmeldung der Beobachterinnen

(in Anlehnung an Lippmann, 2013, 143 f. und 172)

Beobachterinnen in der Intervision müssen sich während des Intervisionsgeschehens zurücknehmen, aber über längere Zeit Eindrücke sammeln, um diese am Ende der Sitzung an die Gruppe zurückzuspiegeln. Diese komplexe Beobachtungsaufgabe kann durch den nachfolgenden Beobachtungsbogen unterstützt werden, der verschiedene Hinweise aus der Fachliteratur bündelt. Nicht jede Frage muss für jedes Feedback auch beantwortet werden. Der Bogen soll nur die Beobachtung schärfen und die Notation unterstützen.

Beobachtungsbogen für das Feedback der Beobachterinnen am Ende der Intervisionssitzung. (Eigene Darstellung)

Beobachtungen von...................	Zur Fallgebenden Person	Zur Beraterinnenrolle 1	Zur Beraterinnenrolle 2	Zur Moderatorinnenrolle
Verbales Verhalten: • Sprache, Inhalt, Tonalität, Lautstärke, Sprechtempo? • Auf welchen Ebenen wurde wann kommuniziert? (Inhalt, Beziehung, Appell, Selbstoffenbarung[a]) • Wie klar und präzise waren die Redebeiträge? • Welche Aspekte des Problems wurden angesprochen, welche nicht?				
Nonverbales Verhalten: • Mimik, Gestik, Körperhaltung, Blickkontakt, Atem, Bewegungen • Erkennbare Muster von Aktionen und Reaktionen? • Kontakt untereinander, Nähe und Distanz? • Übereinstimmung verbales und nonverbales Verhalten?				
Innere Wahrnehmungen: • Welche Assoziationen hatte ich während des Gesprächs? • Welche Körperreaktionen konnte ich bei mir beobachten? • Welche Gedanken kamen mir angesichts der Situation?				

[a]Zur Anatomie einer Nachricht siehe Schulz von Thun (2011, 27 ff.)

Allgemeine Beobachtungsfragen:

• Welche Verhaltensweisen der Fallgeberin sind, bezogen auf das Anliegen, zweckdienlich, welche nicht?
• Wie sieht die Fallbearbeitung insgesamt aus? Was war besonders auffällig?
• Welche Interventionen (Fragen, Hypothesen sowie Schreibaufgaben) waren hilfreich, weiterführend, ermutigend? Und welche eher nicht?

- Welche Optimierungsanregungen ergeben sich aus der Sitzung für weitere Intervisionsgespräche?
- Auf einer Skala von 1 (mäßig gelungen) bis 10 (sehr gelungen): Wie ist die Fallbearbeitung insgesamt zu bewerten?

VII. Fragen für das Arbeitsjournal zur begleitenden Reflexion

(Lippmann, 2013, 61, Heimes, 2020, 78 f.)

Zu persönlichen Erfahrungen:

1. Wie war es für mich, mit meiner Berufsrolle und meinen Berufserfahrungen in der Werkstatt schreibend in Kontakt zu treten?
2. Was habe ich über mich und meine schreibpädagogische Arbeit gelernt?
3. Was wusste ich schon, aber hatte ich vergessen?
4. Wie hilft mir das in Bezug auf meine Arbeit?
5. Was denke ich und was fühle ich nach der Schreibwerkstattsitzung heute?

Zum Intervisionsverlauf:

6. War die Intervisionssitzung heute eher produktiv oder unproduktiv, und warum?
7. Was hätte an der Sitzung verbessert werden können?
8. Wie bin ich mit meiner Rolle als Fallgeberin, Moderatorin, Beraterin oder Beobachterin heute zurechtgekommen? Und was folgt daraus für die weitere Intervision?
9. Die Moderatorinnenrolle ist für den gemeinsamen Intervisionsprozess besonders wichtig. Was an der Moderation war heute besonders förderlich oder hinderlich?

Zu den Schreiberfahrungen:

10. Welche Schreibimpulse und Arbeitseinladungen waren für mich eher hilfreich, welche waren eher nicht hilfreich? Und habe ich eine Idee, warum das so ist?
11. Welche Fragen haben sich durch das Schreiben heute ganz neu für mich gestellt? Und wie will ich sie beantworten?

VIII. Methodenkatalog zur Intervision für Beraterinnen-Rollen

Damit die Intervisionsgruppe lernt, souverän und selbstbestimmt mit den Intervisionsmethoden umzugehen und diese ggf. auch in eigene Schreibaufgaben überführen kann, dient der folgende Methodenkatalog quasi als methodischer „Steinbruch", aus dem die Sitzungen seitens der Beraterinnen in den verschiedenen Phasen gestaltet werden können. Der Katalog ist im Wesentlichen den Tab. 4.1–4.7 aus dem Kap. 4 nachempfunden.

EINFÜHRUNG	Intervisionsmethoden und Leitfragen
Einführung und Erhebung der aktuellen Anliegen in der Gruppe	• *Skizzierung eines Situationsbildes* für ein Anliegen: Was ist mein Anliegen oder Problem? Wie kann ich es visualisieren? • *Partnerinterview/Hebammengespräch:* Welches Anliegen bringst du heute mit in die Gruppe und wie stellt es sich dar? • *Resonanzrunde:* Was löst eine Fallerzählung in der Gruppe an inneren Reaktionen aus? • *Sharing:* An welche eigene Erfahrung erinnern die Anliegen der anderen Gruppenmitglieder?
ROLLENÜBERNAHME	**Intervisionsmethoden und Leitfragen**
Rollenvereinbarungen und Übernahme der vier Grundrollen Fallgeberin, Moderatorin, Beraterin und Beobachterin (ggf. Dopplungen bei n > 4) für die aktuelle Sitzung	• *Imaginäre Skala zur (stillen) Fallauswahl:* Wie wichtig ist mir heute die Besprechung meines Anliegens auf einer Skala von 0–100? (Die höchste Zahl führt zur Auswahl des Falls.) • *Interessensabfrage:* Welcher geschilderte Fall interessiert die Gruppenmitglieder am meisten? • *Rollenverteilung:* Wer will in welcher Funktion die Fallbearbeitung begleiten? Ggf. ähnliche Erfahrungen oder spezielle Ressourcen nutzen. • *Moderatorin, Beraterinnen und Beobachterinnen* ggf. per Los zuordnen und Karteikarten mit Rollenaufgaben/-skizzen bzw. Beobachtungsformulare verteilen.
PROBLEMDARSTELLUNG	**Intervisionsmethoden und Leitfragen**
Differenzierte Darstellung des ausgewählten Anliegens durch Fallgeberin und Nachfragen der Beraterinnen	• *Fragen zur Situationsschilderung:* Wie erlebe ich die Situation? Welche Rolle habe ich? Was sind meine Ziele und Wünsche? Was sind meine Gedanken und Gefühle? Was ist bisher geschehen? Was wurde bisher zur Problemlösung getan? • *Problembild Fallgeberin:* Welche Metapher, welche Analogie, welches Symbol gibt es für das Anliegen?

PROBLEMANALYSE	Intervisionsmethoden und Leitfragen
Situationsanalyse, Fragen und Hypothesen zum Problem durch die Beraterinnen	• *Auftauchende Bilder/Assoziationen:* Welche Erinnerungen, Gedanken, Bilder, Phantasien löst das Problem in der Gruppe nach der Detaildarstellung aus? • *Affirming:* Welche Schritte zur Problemlösung sind schon geschafft, werden aber nicht gesehen? Was rührt mich am Gehörten? • *Kopfstandbrainstorming:* Wie könnte man die Situation verschlimmern? • *Relativierungen durchdenken:* Was wäre schlimmer als das, was berichtet wurde? • *Eigene Anteile klären:* Was sind die eigenen Anteile der Fall gebenden Person am Problem? • *Aufrechterhaltung des Problems:* Was könnte ungewollt zur Problemaufrechterhaltung beitragen? • *Hemmende Faktoren (gewichten):* Welche Faktoren hemmen die Problemlösung und wie ist jeder Faktor auf einer Skala von 0 bis 10 zu gewichten? • *6 Fragen stellen:* Was fühlst Du (jetzt)? Was willst Du (jetzt)? Was tust Du (jetzt)? Was vermeidest Du (jetzt)? Was erwartest Du (jetzt)? Was befürchtest Du (jetzt)? (Vergleich zu Schritt 3 auswerten)

PROBLEMPRÄZISIERUNG	Intervisionsmethoden und Leitfragen
Verdichtende Fragen und Reaktion auf Fragen und Prüfung bzw. Priorisierung der Hypothesen durch Fallgeberin	• *Zwei wichtige Informationen:* Was sind die zwei wichtigsten Informationen zum Problem?
	• *Schlüsselfrage finden:* Was könnte die Schlüsselfrage sein?
	• *Ambivalenzen nachspüren:* Was von dem Problem möchte jemand loslassen, was möchte jemand davon behalten?
	• *Den heimlichen Gewinn klären:* Worin könnte in dem Problem für Dich ein Gewinn stecken?
	• *Ausnahmen:* Tritt das Problem wirklich immer auf?
	• *Hypothesen formulieren:* Könnte es sein, dass a mit b zusammenhängt? Könnte es sein, dass a die Ursache für b ist? Findet b immer statt, wenn a gegeben ist? Könnte a das Auftreten von b verstärken? Könnte a vielleicht b anzielen? Könnte eventuell a so etwas bedeuten wie b?
	• *Neuformulierung der Frage:* Möchte die Fall gebende Person ihr Anliegen umformulieren, das Problem reformulieren?

PROBLEMLÖSUNG	Intervisionsmethoden und Leitfragen
Erarbeitung von Lösungen (Beraterinnen) und Bewertung der Lösungsideen durch die Fallgeberin und ggf. Entscheidung	• *Brain-/Actstorming:* Was könnte man jetzt alles tun? • *Ein erster kleiner Schritt:* Was könnte ein kleiner Schritt zur Lösung sein? • *Paradoxe Frage:* Du hast bisher die Situation bewundernswert getragen. Wie hast Du das nur gemacht? • *Problem-Nichtexistenz:* Was wäre in Dir und für dich anders, wenn es das Problem nicht gäbe? • *Angstfreiheit:* Was würdest Du tun, wenn Du völlig angstfrei wärest? • *Hypothetische Lösungen:* Angenommen, Du würdest a oder b oder gar nichts tun, was würde geschehen? • *Dissoziierende Fragen:* Wie würde denn ein völlig Unbeteiligter Dein Problem schildern oder handhaben? Was würde Dein bester Kollege Dir raten? • *Hypothetische Fragen:* Wie würdest Du Dich verhalten, wenn Dein Problem gelöst ist? Was denkst Du, würde Dein Umfeld dann tun? Was würde das wiederum auslösen? Bei Dir? Bei anderen? • *Zirkuläre Fragen:* Angenommen, ich würde Person X fragen, wie würde sie das Problem sehen? • *Ressourcenorientierte Fragen:* Was hat dazu beigetragen, dass es nicht schon längst viel schlimmer geworden ist? • *Vier lösungsorientierte Fragen:* Was soll anders werden? Was läuft gut? Wenn es gut läuft, was hat sich dann geändert? Was sind die ersten Schritte zur Problemlösung? • *Wunderfrage:* Über Nacht ist ein Wunder ist geschehen, Dein Problem ist gelöst. Wie wirst Du entdecken, dass das Wunder passiert ist? Woran merken andere Personen, dass das Wunder geschehen ist und Dein Problem gelöst ist?

PROZESSREFLEXION	Intervisionsmethoden und Leitfragen
Reflexion der Intervisionssitzung durch Beobachtungsergebnisse, gegenseitiges Feedback sowie Ergebnissicherung	• *Prozessreflexion:* Wie ist das Ergebnis der Problemlösung zu bewerten? Wie wurde der Gruppenprozess erlebt? Wie haben die Methoden funktioniert? Welche Beobachtungen wurden zum Prozess gemacht? Welche Schlussfolgerungen, Arbeitsaufträge oder sich anschließende Anliegen für die Intervision können identifiziert werden? • *Blitzlicht:* Was empfinden die Gruppenmitglieder im Moment, was nehmen sie wahr, was wünschen sie sich? • *Stimmungsbarometer oder Skalierung:* Wie gut oder schlecht auf einer Skala von x bis Y ist die Stimmung der Gruppe, die Zufriedenheit mit den Ergebnissen etc.?

Auf Literaturhinweise wurde hier bewusst verzichtet, damit die Vielfalt der Quellen nicht abschreckend wirkt. Als Einführungswerke können bei Bedarf 2–3 Werke empfohlen werden, die die selbstständige Arbeit der Intervisionsgruppe sinnvoll unterstützen können:

Schmid, B., Veith, T. & Weidner, I. (2019). Einführung in die kollegiale Beratung. 3. Auflage. Heidelberg: Carl-Auer-Systeme Verlag.

(Eine gute **Lektüre für Anfängerinnen**, die einen Überblick gewinnen möchten über das Verfahrens-Repertoire von Intervision.)

Tietze, K.-O. (2020). Kollegiale Beratung. Problemlösungen gemeinsam entwickeln. 10. Auflage. Reinbek: Rowohlt Taschenbuch Verlag.

(Ein guter Begleiter für selbstständige Schritte in die Intervision auch **für Menschen, die noch wenig Erfahrungen mit dem Thema haben.** Methoden werden einfach erklärt und können selbstständig ausprobiert werden.)

Lippmann, E. (2013). Intervision. Kollegiales Coaching professionell gestalten. 3., überarbeitete Auflage. Berlin: Springer Verlag.

(Der Klassiker **für fortgeschrittene Intervisionsinteressierte**, die Methodenvarianten ausprobieren möchten.)

IX: Evaluation

Evaluationsbogen zur Schreibwerkstatt „Intervision schreibpädagogischer Praxis"

Evaluationsfokus der Schreibwerkstatt	Statement	Bewertung (5-stufige Ratingskala): 0 = trifft nicht zu 5 = trifft in hohem Maße zu
Inhaltliche Schwerpunktsetzung der Intervision		
Themenfelder für die Reflexion	• Das Thema „*Berufsrolle* explorieren und reflektieren" wurde für mich zufriedenstellend bearbeitet.	1– 2– 3– 4– 5
	• Das Thema „*Beziehungen zu Klientinnen* (Dynamik und Konfliktpotenzial) wurde für mich zufriedenstellend bearbeitet.	1– 2– 3– 4– 5
	• Das Thema „*Belastungen in der Berufsrolle* erkennen und Entlastungsideen entwickeln" wurde für mich zufriedenstellend bearbeitet.	1– 2– 3– 4– 5
	• Das Thema „*Veränderungswünsche* explorieren und Innovationen vorbereiten" wurde für mich zufriedenstellend bearbeitet.	1– 2– 3– 4– 5
	Als weitere Themen für die Intervision wünsche ich:	
Leistungspotenziale der Intervision		
Erhöhung der Professionalität	• Ich konnte meine Reflexion und meine Wahrnehmungen erweitern.	1– 2– 3– 4– 5
	• Ich konnte die Kontakt- und Beziehungsgestaltung in meinem Berufsalltag besser verstehen.	1– 2– 3– 4– 5
	• Ich habe meine eigene Rolle in Situationen und Systemen im Beruf besser einordnen können.	1– 2– 3– 4– 5
	• Ich habe mich fachlich weiterentwickelt.	1– 2– 3– 4– 5
	• Ich habe meine theoretischen Kenntnisse erweitert.	
	• Ich habe mein Verhaltensspektrum im Beruf vergrößert.	1– 2– 3– 4– 5

Erhöhung der Professionalität	Statement	Bewertung (5-stufige Ratingskala): 0 = trifft nicht zu 5 = trifft in hohem Maße zu
	• Ich habe Kompetenzen für Belastungssituationen erworben.	1– 2– 3– 4– 5
	• Ich habe meine Vorstellungen über Erfolg und Misserfolg meiner Arbeit reflektiert.	1– 2– 3– 4– 5
	• Ich habe mein strategisches Denken bezogen auf berufliche Probleme erweitert.	1– 2– 3– 4– 5
	• Ich habe durch die Auseinandersetzung mit eigenem Handeln meine Arbeitsqualität gesichert.	1– 2– 3– 4– 5
	• Ich habe Anregungen zur Verhaltensänderung erhalten und/oder entwickelt.	1– 2– 3– 4– 5
	• Ich konnte mein Netzwerk als Ressource und Stütze für meinen Beruf erweitern.	1– 2– 3– 4– 5
	• Ich konnte meine Fähigkeit entwickeln, eigene Lösungen für meine Probleme zu finden.	1– 2– 3– 4– 5
	• Die Schreibwerkstatt zur Intervision hat meine Professionalität insgesamt erhöht.	1– 2– 3– 4– 5
Psychohygiene, Entlastungs- funktion	• Ich habe eine vertrauensvolle Lern- und Arbeitsatmosphäre erlebt.	1– 2– 3– 4– 5
	• Ich habe Anteilnahme für meine Probleme erlebt und konnte mich in die Probleme andere einfühlen.	1– 2– 3– 4– 5
	• Ich konnte soziale Perspektiven wechseln und das als entlastend erleben.	1– 2– 3– 4– 5
	• Ich konnte Probehandeln im geschützten Raum zeigen und davon profitieren.	1– 2– 3– 4– 5
	• Ich konnte Identifikation und Distanzierung bezogen auf Probleme im Beruf optimieren.	1– 2– 3– 4– 5
	• Ich konnte Übertragungsmuster und Projektionen erkennen.	1– 2– 3– 4– 5
	• Ich konnte die Reflexion als Ausgleich von Spannungen im Berufsalltag erleben.	1– 2– 3– 4– 5

Erhöhung der Professionalität	Statement	Bewertung (5-stufige Ratingskala): 0 = trifft nicht zu 5 = trifft in hohem Maße zu
Evaluationsfokus der Schreibwerkstatt	Statement	Bewertung (5-stufige Ratingskala): 0 = trifft nicht zu 5 = trifft in hohem Maße zu
Klären von Fragen, Informationsaustausch	• Ich habe mich intensiv mit theoretischen u. methodischen Aspekten der Fälle auseinandergesetzt.	1– 2– 3– 4– 5
	• Ich konnte Möglichkeiten und Grenzen theoretischer Modelle zum beruflichen Handeln erkennen.	1– 2– 3– 4– 5
	• Ich habe mich kritisch mit meiner „Rahmentheorie" beruflichen Handelns auseinandergesetzt.	1– 2– 3– 4– 5
	• Ich konnte mich über „best practices" bzgl. einer Frage- oder Problemstellung austauschen.	1– 2– 3– 4– 5

Schreibmethodik und -wirksamkeit für die Intervision

Schreibimpulse	• Die Schreibimpulse waren für mich verständlich.	1– 2– 3– 4– 5
	• Die Schreibimpulse waren für mich sinnvoll.	1– 2– 3– 4– 5
	• Die Schreibimpulse waren für mich anregend.	1– 2– 3– 4– 5
Schreibwirksamkeit: Emotionsregulation	• Ich habe das Schreiben insgesamt als wirksam erlebt.	1– 2– 3– 4– 5
	• Im Schreiben konnte ich meine Gefühle regulieren.	1– 2– 3– 4– 5
	• Im Schreiben konnte ich mich selbst offenbaren.	1– 2– 3– 4– 5
	• Im Schreiben konnte ich belastende Erlebnisse bearbeiten.	1– 2– 3– 4– 5
Selbstwirksamkeit	• Im Schreiben konnte ich mir eigene Ressourcen bewusst machen.	1– 2– 3– 4– 5
	• Im Schreiben wurde ich mir klar über eigene Gedanken, Wahrnehmungen und Bewertungen.	1– 2– 3– 4– 5
	• Im Schreiben konnte ich Situationen neu bewerten.	1– 2– 3– 4– 5

Evaluationsfokus der Schreibwerkstatt	Statement	Bewertung (5-stufige Ratingskala): 0 = trifft nicht zu 5 = trifft in hohem Maße zu
	• Im Schreiben habe ich erfahren, dass ich Dinge im Leben bewältigen kann.	1– 2– 3– 4– 5
Soziale Integration	• Im Schreiben habe ich in der Gruppe soziale Teilhabe erlebt.	1– 2– 3– 4– 5
	• Im Schreiben habe ich in der Gruppe soziale Unterstützung erlebt.	1– 2– 3– 4– 5
	• Das Schreiben hat mir geholfen, mit anderen über berufliche Herausforderungen zu kommunizieren.	1– 2– 3– 4– 5
Zusammenfassende Bewertung der Erfahrung in der Intervisionsgruppe		
Gruppenerfahrung	• Die Arbeitsatmosphäre war insgesamt empathisch und wertschätzend.	1– 2– 3– 4– 5
	• Die Zusammenarbeit war insgesamt kollegial und vertrauensvoll.	1– 2– 3– 4– 5
	• Das Vorgehen war effizient und zielorientiert.	1– 2– 3– 4– 5
	• Ich würde die Zusammenarbeit in der Gruppe gerne fortsetzen.	1– 2– 3– 4– 5
Summative Bewertung	Insgesamt fand ich die Schreibwerkstatt zur Intervision schreibpädagogischer Praxis sehr zufriedenstellend.	1– 2– 3– 4– 5
Weiterempfehlung	Ich würde meinen Kolleginnen in der Schreibpädagogik die Schreibwerkstatt zur Intervision empfehlen.	1– 2– 3– 4– 5

Literatur

Adamzik, K. (2010). *Sprache: Wege zum Verstehen.* A. Francke/UTB.

Alers, K. (2018). *Schreiben wir! Eine Schreibgruppenpädagogik.* Hohengehren: Schneider Verlag.

Alers, K. (2020). Warum nicht schreiben? Schreibbasierte reflexive Praxis für Fachkräfte in pädagogischen Berufsfeldern. Ein Konzept. SchreibRÄUME. Magazin für Journal Writing, Tagebuch & Memoir. Thema – Das Comeback des Tagebuchs. 1/2020, S. 104–114.

ASH Berlin – Alice Salomon Hochschule Berlin (2018). Modulhandbuch Master of Arts (M.A.) Biografisches und Kreatives Schreiben. 9. Auflage. September 2019. Unveröffentlichtes Manuskript.

Bräuer, G. (1998). *Schreibend lernen. Grundlagen einer theoretischen und praktischen Schreibpädagogik.* Studienverlag.

Bräuer, G. (2000). *Schreiben als reflexive Praxis. Tagebuch, Arbeitsjournal, Portfolio.* Fillibach Verlag.

Bräuer, G. (2014). Grundprinzipien der Schreibberatung. In S. Dreyfürst & N. Sennewald (Hrsg.), *Schreiben. Grundlagentexte zur Theorie, Didaktik und Beratung* (S. 257–282). Budrich.

Bräuer, G. (2016). *Das Portfolio als Reflexionsmedium für Lehrende und Studierende.* Budrich.

Bräuer, G. (2021). Schreibend sich als schreibende Person besser verstehen lernen: Anderen Schreibenden besser helfen können. In R. Behrendt & D. Kreitz (Hrsg.), *Autobiografisches Schreiben in Bildungskontexten. Konzepte und Methoden. Theorie und Praxis der Schreibwissenschaft* (Bd. 10, S. 99–117). Wbv Media.

Behrendt, R., & Kreitz, D. (2021). Autobiografisches Schreiben in Bildungskontexten. In R. Behrendt & D. Kreitz (Hrsg.), *Autobiografisches Schreiben in Bildungskontexten. Konzepte und Methoden. Theorie und Praxis der Schreibwissenschaft* (Bd. 10, S. 10–18). Wbv Media.

Femers-Koch, S. (2021). *Biografisches und Kreatives Schreiben gegen Prüfungsangst. Ein Theoretisches und methodisches Rahmenkonzept.* Springer Fachmedien.

Fischer, L., & Wiswede, G. (2009). *Grundlagen der Sozialpsychologie* (3. völlig neu bearbeitete Aufl.). Oldenbourg.

Fix, U. (2008). Text und Textlinguistik. In N. Janich (Hrsg.), *Testlinguistik. 15 Einführungen* (S. 15–34). Günter Narr Verlag.

Fröchling, A. (2002). *Schreibcoaching: Ein innovatives Beratungskonzept.* Shaker Verlag.

Fröchling, A. (2018). *Professionelles Schreibcoaching. Konzept, Methoden, Praxis*. Beck.

Gefsus – Gesellschaft für Schreibdidaktik und Schreibforschung e. V. (2016). Rahmenkonzept für Ausbildungen von Peer-Schreibtutor*innen. SIG „Qualitätsstandards und Inhalte der Peer-Schreibtutor*innen-Ausbildung. https://gefsus.de/images/Downloads/Rahmen konzepPeerSchreibtutor_innenausbildg.pdf. Zugegriffen: 9. Nov. 2021.

Gefsus – Gesellschaft für Schreibdidaktik und Schreibforschung e. V. (2018). Positionspapier Schreibkompetenz im Studium. https://gefsus.de/images/Downloads/gefsus_2018_p ositionspapier.pdf. Zugegriffen: 30. Okt. 2021.

Gefsus – Gesellschaft für Schreibdidaktik und Schreibforschung e. V. (2021). Selbstdarstellung. Gefsus.de. https://gefsus.de/. Zugegriffen: 30. Okt. 2021.

Geuen, V., & Henning, U. (2021). Schreibcoaching als Begleitinstrument im Promotionsprozess – Konzeptualisierungen eines komplexen Interventionsformats. CTP Coaching Theorie & Praxis. April 2021. https://link.springer.com/article/https://doi.org/10.1365/ s40896-021-00051-7. Zugegriffen: 30. Okt. 2021.

Girgensohn, K., & Jakob, R. (2010). *66 Schreibnächte: Anstiftungen zu literarischer Geselligkeit*. Schneider Verlag.

Girgensohn, K., & Sennewald, N. (2012). *Schreiben lehren. Schreiben lernen: Eine Einführung*. Wissenschaftliche Buchgesellschaft.

Gräßer, M., Martinschledde, D., & Hovermann, E. (2020). *Therapie Tools Therapeutisches Schreiben*. PVU Psychologische Verlagsunion/Verlagsgruppe Beltz.

Grieshammer, E., Liebetanz, F., Peters, N., & Zegenhagen, J. (2012). *Zukunftsmodell Schreibberatung. Eine Anleitung zur Begleitung von Schreibenden im Studium*. Schneider Verlag Hohengehren.

Haußmann, R. (2013). „Wenn ich schreibe...“ Kreatives Schreiben zur Bewältigung von Belastungen im Arbeitsprozess. In S. Heimes, P. Rechenberg-Winter, & R. Haußmann (Hrsg.), *Praxisfelder des kreativen und therapeutischen Schreibens* (S. 36–56). Vandenhoeck & Ruprecht.

Haußmann, R. (2017). *Kreatives Schreiben zur Entwicklung von Ressourcen in Beratung und Coaching*. Vandenhoeck & Ruprecht.

Heimes, S. (2012). *Warum Schreiben hilft. Die Wirksamkeitsnachweise zur Poesietherapie*. Vandenhoeck & Ruprecht.

Heimes, S. (2015). *Schreib es dir von der Seele. Kreatives Schreiben leicht gemacht*. Vandenhoeck & Ruprecht.

Heimes, S. (2020). *Ich schreibe mich gesund. Mit dem 12-Wochen-Programm zu Gesundheit und Ausgeglichenheit*. Dtv.

Heimes, S. (2021). Autobiografisches Schreiben: Rekonstruktion der eigenen Lebensgeschichte. In R. Behrendt & D. Kreitz (Hrsg.), *Autobiografisches Schreiben in Bildungskontexten. Konzepte und Methoden. Theorie und Praxis der Schreibwissenschaft* (Bd. 10, S. 189–200). Wbv Media.

Helsper, W. (2021). *Professionalität und Professionalisierung pädagogischen Handelns: Eine Einführung*. Budrich/UTB.

Hendriksen, J., & Huizing, J. (2020). *Methoden für die Intervision. Ein Fächer mit 20 effektiven Tools*. Hogrefe.

Hippe, I. (2019). Und was kommt jetzt? Szenisches Schreiben in der theaterpädagogischen Praxis (3. Aufl.). Weinheim: Deutscher Theaterverlag.

Hofbauer, S. (2021). Expressives Schreiben in der Psychotherapie und danach. Schreib-RÄUME. Magazin für Journal Writing, Tagebuch & Memoir. Thema gesund schreiben. 1/2021, 16–25.

Jagusch, B. (2013). Schreiben als Copingstrategie bei psychischen Belastungen im Beruf und Arbeitsleben. Ein Konzept für die gewerkschaftliche Bildungsarbeit. In S. Heimes, P. Rechenberg-Winter, & R. Haußmann (Hrsg.), *Praxisfelder des kreativen und therapeutischen Schreibens* (S. 18–35). Vandenhoeck & Ruprecht.

Keiderling, C. (2021). Lehrbrief Wahlpflichtmodul: Schreibberatung im Akademischen Kontext. Post-gradualer Masterstudiengang Biografisches und Kreatives Schreiben. ASH Berlin – Alice Salomon Hochschule Berlin. (Unveröffentlichtes Manuskript)

Klein, I. (2019). *Gruppen leiten ohne Angst. Themenzentrierte Interaktion (TZI) zum Leiten von Gruppen und Teams* (17. Aufl.). Auer Verlag.

Klemm, M. (2004). Schreibberatung und Schreibtraining. In K. Knapp, G. Antos, M. Becker-Mrotzeck, A. Deppermann, S. Göpferrich, J. Grabowski, M. Klemm, & C. Villinger (Hrsg.), *Angewandte Linguistik. Ein Lehrbuch* (S. 120–142). A. Francke.

Klemm, M. (2011). Schreibberatung und Schreibtraining. In K. Knapp, G. Antos, & M. Becker-Mrotzeck (Hrsg.), *Angewandte Linguistik. Ein Lehrbuch* (3. Aufl., S. 126–148). A. Francke Verlag.

Kühl, W. & Schäfer, E. (2019). Coaching und Co. Ein Kompass für berufsbezogene Beratung. Wiesbaden: Springer Fachmedien.

Kühl, W., & Schäfer, E. (2020). *Intervision. Grundlagen und Perspektiven*. Springer Fachmedien.

Kurtz, T. (2001). Die Form Beruf im Kontext gesellschaftlicher Differenzierung. In T. Kurtz (Hrsg.), *Aspekte des Berufs in der Moderne* (S. 170–209). Leske und Budrich.

Lahm, S. (2016). *Schreiben in der Lehre. Handwerkszeug für Lehrende*. Verlag Barbara Budrich/UTB.

Leiss, M. (2019). Kreatives Schreiben. 111 Übungen. Reclam.

Leveton, E. (2004). *Mut zum Psychodrama. Ein praktischer Leitfaden* (6. Aufl.). Isko-press.

Lippmann, E. (2013). *Intervision. Kollegiales Coaching professionell gestalten*. (3. überarbeitete Auflage). Springer.

Loebbert, M. (2016). *Wie Supervision gelingt. Supervision als Coaching für helfende Berufe*. Springer Fachmedien.

Luhmannn, N. (2000). *Vertrauen. Ein Mechanismus der Reduktion sozialer Komplexität* (4. Aufl.). Lucius & Lucius Verlagsgesellschaft/UTB.

Mathias-Wiedemann, U. (2020). *Mythos Supervision? Ohne Forschung kein Weiterkommen! SUPERVISION Theorie-Praxis-Forschung. Eine interdisziplinäre Internet-Zeitschrift.* 04/2020, 1–23.

McLeod, J. (2004). *Councelling – Eine Einführung in die Beratung*. Tübingen: Dgtv-Verlag.

Merlitsch, C. (2016). Psychodramatische Methoden in der Schreibwerkstatt. *Zeitschrift für Psychodrama und Soziometrie, 15,* 163–174.

Migge, B. (2018). *Handbuch Coaching und Beratung: Wirkungsvolle Modelle, kommentierte Falldarstellungen, zahlreiche Übungen*. Beltz Weiterbildung.

Mischon, C. (2019). *Lehrbrief Modul 01: Kreatives Schreiben – Methoden, Techniken, Szenarien. Lehrbrief im Masterstudiengang Biografisches und Kreatives Schreiben WS 2019/20, Alice Salomon Hochschule Berlin, unveröffentlichtes Manuskript.*

Moreno, J. L. (1934 Original/2018 Reprint). *Who shall survive? A New Approach to the Problem of Human Interrelations.* Classic Reprints. (Auflagennr. nicht ausgewiesen.)

Moreno, J. L. (1974). *Die Grundlagen der Soziometrie: Wege zur Neuordnung der Gesellschaft* (3. Aufl.). Springer Fachmedien.

Moser, S. (2013). Bedeutung und Anwendungsgebiete des Schreibens im Selbstcoachingprozess. In S. Heimes, P. Rechenberg-Winter, & R. Haußmann (Hrsg.), *Praxisfelder des kreativen und therapeutischen Schreibens* (S. 265–278). Vandenhoeck & Ruprecht.

Mundorf, M. (2021). Recht autobiografisch. Schreibkompetenz, Sprachbewusstsein und (Selbst-)Reflexivität in Aus- und Weiterbildung. In R. Behrendt & D. Kreitz (Hrsg.), *Autobiografisches. Schreiben in Bildungskontexten Konzepte und Methoden. Theorie und Praxis der Schreibwissenschaft* (Bd. 10, S. 169–185). Bielefeld: Wbv Media.

Nerdinger, F. W. (2011). *Psychologie der Dienstleistung.* Hogrefe.

Peters, N., & Zegenhagen, J. (2021). Autobiografisches Schreiben für mehr Selbstfürsorge im Beruf. In R. Behrendt & D. Kreitz (Hrsg.), *Autobiografisches Schreiben in Bildungskontexten. Konzepte und Methoden. Theorie und Praxis der Schreibwissenschaft* (Bd. 10, S. 201–216). Wbv Media.

Pfab, W. (2020). *Kompetent beraten in der Sozialen Arbeit. Bausteine für eine gute Beratungsbeziehung.* Ernst: Rheinhardt Verlag.

Rastetter, D. (2008). *Zum Lächeln verpflichtet Emotionsarbeit im Dienstleistungsbereich.* Campus.

Rechenberg-Winter, P. (2013). Kreatives Schreiben – Ein methodischer Ansatz in der systemischen Beratung, der Psychotherapie und im Coaching. Eine Prozessdokumentation. In S. Heimes, P. Rechenberg-Winter, & R. Haußmann (Hrsg.), *Praxisfelder des kreativen und therapeutischen Schreibens* (S. 154–171). Vandenhoeck & Ruprecht.

Rechenberg-Winter, P., & Haußmann, R. (2015). *Arbeitsbuch kreatives und biografisches Schreiben. Gruppen leiten.* Vandenhoeck & Ruprecht.

Scheuermann, U. (2008). Psychologische Interventionen beim Schreibcoaching. In E.-M. Jakobs & K. Lehnen (Hrsg.), *Berufliches Schreiben. Ausbildung, Training, Coaching. Reihe Textproduktion und Medium* (Bd. 9, S. 179–195). Lang.

Scheuermann, U. (2009). *Wer reden kann, macht Eindruck, wer Schreiben kann, macht Karriere. Das Schreibfitnessprogramm für mehr Erfolg im Job.* Linde International.

Schigl, B., Höfner, C., Artner, N. A., Eichinger, K., Hoch, C. B., & Petzold, H. G. (2020). *Supervision auf dem Prüfstand. Wirksamkeit, Forschung, Anwendungsfelder, Innovation* (2. Aufl.). Springer Nature.

Schlee, J. (2019). *Kollegiale Beratung und Supervision für pädagogische Berufe. Hilfe zur Selbsthilfe. Ein Arbeitsbuch.* (4. erweiterte Auflage). Verlag W. Kohlhammer.

Schmid, B., Veith, T., & Weidner, I. (2019). *Einführung in die kollegiale Beratung* (3. Aufl.). Carl-Auer-Systeme.

Schreiber, B., & Vedral, J. (2020). Niemand schreibt im Nirgendwo. SchreibRÄUME. Magazin für Journal Writing, Tagebuch & Memoir. Thema – Das Comeback des Tagebuchs. 1/2020, 1

Schreyögg, A. (2010). *Supervision. Ein integratives Modell.* (5. erweiterte Auflage). VS Verlag.

Schreyögg, A. (2012). *Coaching. Eine Einführung für die Praxis und Ausbildung* (7. überarbeitete und erweitere Auflage). Campus.

Seidl, T. (2013). Konzeptionelle Überlegungen zum ‚Schreibenden Coaching' an der Hochschule. *Jo-Sch Journal der Schreibberatung, 6,* 9–22.

Schubert, F.-C., Rohr, D., & Zwicker-Pelzer, R. (2019). *Beratung, Grundlagen – Konzepte – Anwendungsfelder.* Springer.

Schulz von Thun, F. (2011). *Miteinander reden 1. Störungen und Klärungen. Allgemeine Psychologie der Kommunikation* (49. Aufl.). Rowohlt Taschenbuch.

Schulz von Thun, F. (2016). *Miteinander reden 3. Das „Innere Team" und situationsgerechte Kommunikation. Kommunikation, Person, Situation* (26. Aufl.). Rowohlt Taschenbuch.

Tietze, K.-O. (2020). *Kollegiale Beratung. Problemlösungen gemeinsam entwickeln* (10. Aufl.). Rowohlt Taschenbuch.

Vopel, K. W. (2014). *Schreiben als Therapie. Ein Handbuch mit 230 Schreibübungen.* i-skopress.

Weber, M. (1985). *Wirtschaft und Gesellschaft.* (5. revidierte Auflage). Mohr.

Werder, von L., Schulte-Steinecke, B. & Schulte, B. (2011). *Die heilende Kraft des Schreibens.* Patmos Verlag.

Werder von, L. (2017). Das Wörterbuch des kreativen Schreibens. Begriffe, Textsorten, Übungen, Schreibspiele, Schreibtheorien, Schreibpädagogik. Band II. P-Z. Schribi-Verlag.

Unterholzer, C. (2021). *Selbstwirksam schreiben. Wege aus der Rat- und Rastlosigkeit.* Karl-Auer Verlag.

Zerfaß, A., & Volk, S. C. (2019). *Toolbox Kommunikationsmanagement. Denkwerkzeuge und Methoden für die Steuerung der Unternehmenskommunikation.* Springer Gabler.

The manufacturer's authorised representative in the EU is Springer Nature Customer Service Centre GmbH, Europaplatz 3, 69115 Heidelberg, Germany. If you have any concerns regarding our products, please contact ProductSafety@springernature.com

Printed and bound by CPI Group (UK) Ltd, Croydon, CR0 4YY
24/04/2026
02096358-0008